W0198003

Annette Seemann

# ANNA AMALIA

## HERZOGIN VON WEIMAR

Mit zahlreichen Abbildungen
Fotos von Constantin Beyer
Insel Verlag

© Insel Verlag Frankfurt am Main und Leipzig 2007
Alle Rechte vorbehalten, insbesondere das der Übersetzung,
des öffentlichen Vortrags sowie der Übertragung durch Rundfunk
und Fernsehen, auch einzelner Teile.
Kein Teil des Werkes darf in irgendeiner Form (durch Fotografie,
Mikrofilm oder andere Verfahren) ohne schriftliche
Genehmigung des Verlages reproduziert oder unter Verwendung
elektronischer Systeme verarbeitet, vervielfältigt
oder verbreitet werden.
Druck: MMC Mediencentrum AG
Printed in Germany
Erste Auflage 2007
ISBN 978-3-458-17345-8

1 2 3 4 5 6 – 12 11 10 09 08 07

# INHALT

# VORWORT

Anna Amalia von Sachsen-Weimar-Eisenach, geboren am 24. Oktober 1739, gestorben am 10. April 1807, ist eine bis heute faszinierende Persönlichkeit. Sie ermöglichte die Entstehung der deutschen oder Weimarer Klassik in der uns bekannten Form; sie vereinigte in sich große geistige, künstlerische und gesellige Gaben, die sie konsequent ausbildete. Sie war den Problemen des Landes gegenüber äußerst aufgeschlossen und bemühte sich, ihrem Sohn den Staat schuldenfrei zu hinterlassen, machte andererseits keine Abstriche bei der Inszenierung von höfischen Vergnügungen wie Bällen, Spielvergnügungen oder großen Empfängen und vor allem nicht beim Erwerb der neuesten Mode, für die sie hohe Preise zu zahlen bereit war. Sie haßte es, wenn man ihr schmeichelte, und suchte von Wahrhaftigkeit geprägte menschliche Beziehungen. Bei einigen Menschen galt sie als launisch.

Über 16 Jahre lang übte sie die Landesadministration des Herzogtums Sachsen-Weimar-Eisenach aus, um dann in ihr »Wittumspalais« überzusiedeln und dort die zweite Lebenshälfte, abgesehen von mehreren Reisen und einem zwei Jahre währenden Italienaufenthalt, zu verbringen und sich umfangreichen Sprach- und kulturhistorischen Studien sowie der Musik zu widmen.

Anna Amalia spielte vier Instrumente, komponierte, malte und zeichnete, sie fertigte Übersetzungen aus mehreren Sprachen an, sie schrieb, neben Briefen auch einige fiktionale Texte. Sie pflegte intensiven Austausch mit zahlreichen Dichtern und Gelehrten, deren berühmteste die »Weimarer Vier«, Goethe, Wieland, Schiller und Herder, sind.

Sie wandelte sich von der charmanten jungen Rokokoprinzessin mit hohem Haarturmbau zur klassizistisch vor antiken Ruinen posierenden »Pallas Athene«, also entsprechend der Mode unterschiedlichster und für die europäische Geschichte wichtiger Epochen. Sie lebte in Zeiten des Übergangs zur bürgerlichen Gesellschaft, hielt am ständisch orientierten Hofzeremoniell fest, entwickelte aber gleichzeitig ein hohes Freundschaftsideal über die Standesgrenzen hinaus. Sie ignorierte die

Französische Revolution soweit wie möglich und erlebte schmerzhaft 1806 den Einzug und die Plünderungen der napoleonischen Soldaten in Weimar.

Entscheidend für ihr Leben waren die menschlichen, kulturellen und politischen Beziehungen, die sie als junge Prinzessin und später als Herzogin auch nach ihrer Übersiedlung nach Weimar und bis zum letzten Lebensjahr zu Braunschweig-Wolfenbüttel, ihrem Herkunftshof, pflegte. Dieser Aspekt wurde in der bislang erschienenen biographischen Literatur zu Anna Amalia nie in seiner wahren Bedeutung gewürdigt. Es sind der Braunschweiger Hof und seine kulturell orientierte, offene Atmosphäre, die Anna Amalia geprägt haben. Die Liebe zum Buch, zur Gelehrsamkeit wie zur Unterhaltung, zum Theater, zur Musik und zu den Fremdsprachen wurden in ihrer Kindheit gefördert und trugen die Herzogin lebenslang.

Nicht nur zu Braunschweig-Wolfenbüttel, auch zum Gothaer Hof und vielen Persönlichkeiten in und außerhalb Weimars unterhielt Anna Amalia intensive Beziehungen; keine davon erreichte jedoch die Intensität des eng mit dem braunschweigischen Hof geknüpften Beziehungsnetzes.

Eine herausragende Rolle in Anna Amalias Leben spielte ihre – im Gegensatz etwa zu ihrer Kindheit und Jugend wohldokumentierte – Italienreise 1788-1790. Diese Reise war sowohl für sie selbst und ihre späteren Lebensjahre als auch für die Bestandserweiterung ihrer Bibliothek bedeutend.

Auf diese Bibliothek richtet sich in diesem Buch ein besonderes Augenmerk; es war Anna Amalia, die in den Jahren 1761-1765 der Herzoglichen Bibliothek, die bislang im Residenzschloß untergebracht war, ein eigenes Gebäude einrichten ließ. Bekanntlich wurde dieses Rokokoschloß in der Nacht vom 2. September 2004 durch eine Brandkatastrophe betroffen. Mehr als 50 000 Bücher und zum Teil einzigartige Manuskripte, Notenhandschriften und Kunstschätze verbrannten in dieser Nacht, viele konnten jedoch, mit geringeren oder größeren Schäden behaftet, gerettet werden.

Anna Amalias Projekt, die Weimarer Bibliothek auch für bürgerliches

Publikum, Schüler und Studenten inbegriffen, zu öffnen, hatte Vorläufer, etwa in ihrer Heimatstadt Wolfenbüttel, doch für den mitteldeutschen Raum war es einzigartig. Wenngleich die Bücher der Herzogin keineswegs große Kostbarkeiten darstellten, so ergänzten sie doch die vorhandenen Weimarer Buchschätze ideal. In Anna Amalias Regierungszeit und danach wurde dieser Bestand konsequent weiter ausgebaut. Es waren im wesentlichen Prägungen, die die Herzogin in dem kultur- und bildungsfreundlichen Elternhaus in Wolfenbüttel und Braunschweig empfing, die sie zu Käufen anregten. Die Kapitel dieses Buchs über die Herzog August Bibliothek in Wolfenbüttel und die mütterliche Privatbibliothek ebenso wie über die Weimarer Herzogliche Bibliothek und Anna Amalias private Büchersammlung führen dies näher aus.

Wohlgemerkt geht es an keiner Stelle dieses Buchs um eine romanhafte Ausmalung der Lebensumstände Anna Amalias – allein die vorhandenen Dokumente bestimmen den Duktus dieser Biographie, die gleichwohl das Leben Anna Amalias möglichst anschaulich schildern möchte. Hinzugezogen werden daher an die 100 Abbildungen von Briefen der Herzogin, eigener autobiographischer und literarischer Texte, eigener Kompositionen und Handzeichnungen, daneben öffentlicher Dokumente, Abbildungen von Gemälden und Silhouetten, die sie selbst und ihr Umfeld darstellen, auch von Büsten, von Büchern aus ihrem Besitz und deren Titelseiten und nicht zuletzt auch persönlicher Gegenstände aus ihren Wohnsitzen. Natürlich werden auch die Wohnsitze selbst gezeigt. Es entsteht das Bild einer Persönlichkeit in ihrer Zeit, einer öffentlichen Person, die aber auch ihren persönlichen Rückzugsraum und ihre Interessen zu schützen und auszubauen wußte.

Das vorliegende Buch bezieht die neuesten historischen Erkenntnisse zur Person Anna Amalias ein[1], auch wurden in Archiven und Bibliotheken in Weimar und Wolfenbüttel eigene Forschungen angestellt.[2]

Historische Schreibweisen wurden behutsam modernisiert.

Für die Unterstützung und Beratung, die ich bei den Recherchen erhielt, danke ich herzlich allen Mitarbeitern in der Herzog August Bibliothek Wolfenbüttel, dem Niedersächsischen Staatsarchiv Wolfenbüttel, dem Schloßmuseum Wolfenbüttel, dem Braunschweigischen Landesmuseum in Braunschweig, der Herzogin Anna Amalia Bibliothek in Weimar, dem Goethe-Nationalmuseum in Weimar, dem Goethe- und Schiller-Archiv Weimar und dem Thüringer Hauptstaatsarchiv Weimar.

Annette Seemann, im September 2006

# HERKUNFT, KINDHEIT
## UND JUGEND ANNA AMALIAS

### 1739-1754

Anna Amalia wurde am 24. Oktober 1739 als viertes Kind Herzog Carls I. von Braunschweig-Lüneburg und der Preußenprinzessin und Schwester Friedrichs II., Philippine Charlotte, im Schloß in Wolfenbüttel geboren.[1] Anna Amalias ältere Geschwister waren der Erbprinz Carl Wilhelm Ferdinand (1735-1806), der früh verstorbene Prinz Christian Ludwig (1738-1742) und Prinzessin Sophie Caroline (1737-1817), ihr folgten weitere sechs die Kindheit überlebende Geschwister. Unter ihnen wurden besonders der älteste Bruder, der jüngere Bruder Friedrich August (1740-1805) und Auguste Dorothea (1749-1810) für Anna Amalia lebenslang wichtige Bezugspersonen und Korrespondenzpartner.

Das Herzogtum Braunschweig-Lüneburg war zwar vergleichsweise klein, doch hatten schon die Geschwister Carls I. sowie er selbst vorteilhaft geheiratet. Die wichtige Beziehung zu Preußen wurde so mehrfach befestigt: durch Carls I. eigene Heirat, durch die (wenngleich unglückliche) seiner Schwester Elisabeth Christine von Braunschweig mit Friedrich II. von Preußen und schließlich durch die Verbindung seiner Schwester Luise Amalie mit dem Preußenprinzen August Wilhelm. Daneben gab es, ebenfalls in Carls Generation,

*Friedrich II. von Preußen, Onkel Anna Amalias. Ölgemälde von Joseph Rolletschek nach Anna Rosina de Gasc.*

auch eine Heiratsbeziehung mit dem Zarenreich. Ziel der Heiratspolitik war für ein kleines Fürstentum immer, das europäische Machtgefüge zum eigenen Vorteil zu verändern oder doch zumindest den Status quo zu befestigen. Diese Prinzipien leiteten Carl I. auch in bezug auf die eigenen Kinder.

Eine wichtige Voraussetzung für eine vorteilhafte Heirat stellte, diese Ansicht teilten die Eltern, eine hervorragende Ausbildung insbesondere der Prinzen, aber auch – mit veränderten Schwerpunkten – die der jun-

*Doppelporträt Herzog Carls I. und seiner Gattin Philippine Charlotte von Braunschweig-Wolfenbüttel. Anonyme undatierte Gouache auf Elfenbein.*

gen Prinzessinnen dar. In der Tat galt das kleine Herzogtum im gesamten 18. Jahrhundert, besonders aber in den beiden langen Regierungszeiten Carls I. und seines Sohns Carl Wilhelm Ferdinand (insgesamt von 1735 bis 1806), sowohl zu den kultiviertesten als auch zu den wohlhabendsten Fürstentümern in Deutschland, ja als Zentrum der Aufklärung. Das Hofleben in Wolfenbüttel wie ab 1753 dann in Braunschweig war von prächtigem Zuschnitt, gelegentlich wurde verschwenderische Prunksucht beklagt. Wichtig war dem Fürstenpaar die Kunst. Herzog Carl kaufte regelmäßig Bilder und Plastiken für seine Kunstsammlungen. Herzogin Philippine Charlotte, eine gebildete Dame mit einer ausgesuchten Bibliothek, die ebenfalls ständig durch Ankäufe ergänzt wurde, liebte Musik und Theater und pflegte das gesellschaftliche Leben. Das Herzogliche Opernhaus, in dem insbesondere italienische Opern aufgeführt wurden, stand nicht nur dem Adel, sondern gegen Eintritt allen »wohlgekleideten Personen«[2] offen, denn der Hof ignorierte die Grenzen zwischen Adel und Bürgertum immer dann, wenn kultureller Austausch zwischen den Schichten zu erwarten war, eine damals im

deutschen Vergleich sehr fortschrittliche Haltung, die Anna Amalia vom elterlichen Vorbild übernahm.

Die Sprache am Wolfenbütteler und später Braunschweiger Hof war Französisch, doch setzte sich Philippine Charlotte bereits stark für die Förderung der deutschen Literatur ein.

Ihre neun Kinder hatten einen strengen, den ganzen Tag ausfüllenden Stundenplan. Der braunschweigische Theologe Johann Friedrich Wilhelm Jerusalem war der Hofmeister des Erbprinzen, unterrichtete aber auch die übrigen Kinder. Daneben wurden weitere Lehrer in bestimmten Fächern eingesetzt. Der Hofmeister kontrollierte diese und hatte auch die Aufgabe, in regelmäßigen Abständen den Eltern Berichte über die Eleven vorzulegen. Die Erziehung setzte bereits mit dem dritten Lebensjahr ein. Mehrere in Alter und Geschlecht vergleichbare Geschwister wurden in der Regel gleichzeitig unterrichtet. Anna Amalia erhielt daher ihren Unterricht gemeinsam mit der älteren Schwester Caroline. Dies führte im Laufe der Zeit wohl zu Neidgefühlen bei der Jüngeren, die sich angesichts der Leistungen und besonders auch des gewandteren

*Zeitgenössische Ansicht des Wolfenbütteler Schlosses, Anna Amalias Geburtsort, mit Schloßkapelle und Graben. Federlithographie.*

*Das Wolfenbütteler Schloß von Nordosten aus gesehen. Anonyme Tuschezeichnung, Anfang 18. Jh.*

Auftretens und vorteilhafteren Äußeren ihrer älteren Schwester minderwertig fühlte. Noch im Alter von 33 Jahren äußerte sich Anna Amalia voll Bitterkeit über ihre Kindheit und die fehlende Liebe ihrer Erziehung, ja, sie erklärt gewisse Charakterzüge dadurch:

»Nicht geliebt von meinen Eltern, immer zurückgesetzt, meinen Geschwistern in allen Stücken nachgesetzt, nannte man mich nur den Ausschuß der Natur. Ein feines Gefühl, welches ich von der Natur bekommen hatte, machte, daß ich sehr empfindlich die harten Begegnungen fühlte. Es brachte mich öfters zur Verzweiflung sogar, daß ich einmal mir das Leben nehmen wollte. Durch diese harte Unterdrückung zog ich mich ganz in mich selbst, ich wurde zurückhaltend: ich bekam eine gewisse Standhaftigkeit, die bis zum Starrsinn ausbrach. Ich ließ mich mit Geduld schimpfen und schlagen, und tat doch so viel wie möglich nach meinem Sinn.«[3]

Ein genauer Stundenplan für Anna Amalia ist nicht überliefert, sie wurde aber sicherlich, denn dies war üblich, im Lesen, Schreiben, Rechnen, in Religion, Geographie und Latein unterrichtet, daneben in englischer und deutscher Sprache, Geschichte, Naturwissenschaften und Mathematik. Hinzu kamen bei ihr und der Schwester Zeichen- und Tanzstunden, Instrumentalunterricht in den Fächern Klavichord, Gitarre und Harfe sowie – etwas Besonderes – Kompositionslehre.

Nicht in den regulären Stunden, sondern in der »Freizeit« (vermutlich morgens und abends beim zeitaufwendigen An- und Auskleiden sowie dem Frisieren) brachten die Gouvernanten und Hofmeisterinnen den Prinzessinnen die Vorschriften des in sechs dicken Folianten niedergelegten Hofzeremoniells bei. Bis zum 15. Lebensjahr, dem Alter, in dem bei den Prinzessinnen bereits die Heirat angesetzt werden konnte, mußten diese Regeln perfekt beherrscht werden.[4] Gerade ihren Gouvernanten hat Anna Amalia in ihren Erinnerungen mit dem Titel *Meine Gedanken* im Rückblick schwere Vorwürfe gemacht: »Meine Erziehung zielte auf nichts weniger, als mich zu eine(r) Regentin zu bilden. Sie war, wie alle Fürstenkinder erzogen werden. Diejenigen, die zu meiner Erziehung bestimmt waren, hatten noch selbst nötig gouverniert zu werden. Eine Person, die sich völlig ihren Leidenschaften überließ, war die, die mein junges Herz führen sollte. Sie hatte leider viele Leidenschaften, folglich viele Launen, die ich alleine entgelten mußte.«[5]

Der Vater wohnte dem Unterricht überhaupt nicht bei, Philippine Charlotte kontrollierte hingegen zumindest den wichtigen Tanzunterricht. Daneben nahmen die Kinder Philippine Charlottes einmal am Tag eine gemeinsame Mahlzeit mit der Mutter ein, eine Sitte, die auch Anna Amalia als Mutter weiterführen sollte.

Nur zwei von Anna Amalia eigenhändig verfaßte Dokumente aus ihrer Kindheit sind überliefert. Einmal ist das der Brief der Sechseinhalbjährigen an ihren Vater, in französischer Sprache, wie gestochen auf liniertem Papier geschrieben. Der Brief ist eine Rechtfertigung für mangelhafte Lernerfolge und gleichzeitig Versicherung ihrer kindlichen Liebe: Sie liebe den Vater nicht weniger als ihre Geschwister, auch wenn ihre Leistungen mit denen derselben noch nicht Schritt halten könn-

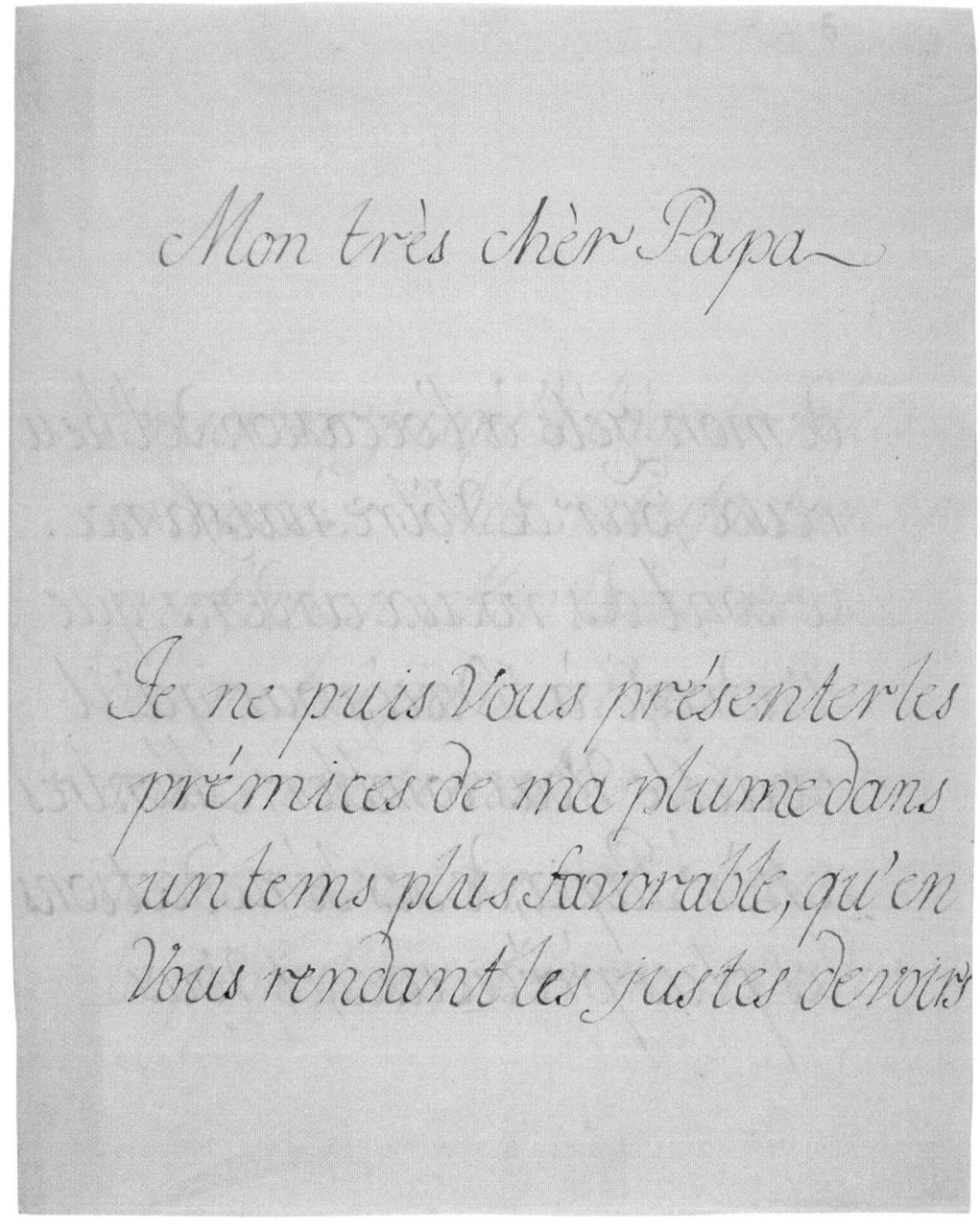

Mon très chèr Papa—

Je ne puis Vous présenter les
prémices de ma plume dans
un tems plus favorable, qu'en
Vous rendant les justes devoirs

*Ein Brief der neunjährigen Anna Amalia zum Geburtstag ihres Vaters.*

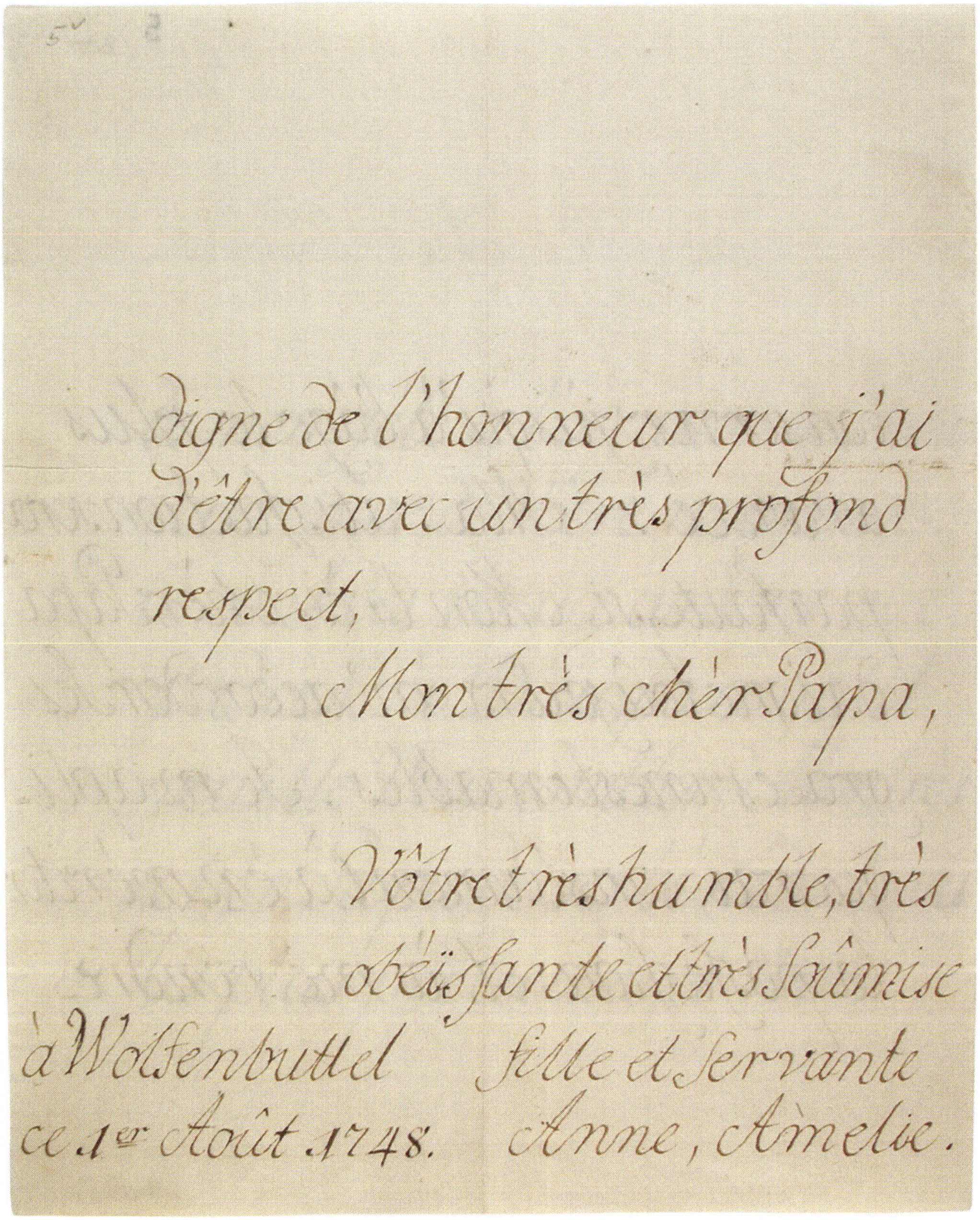

digne de l'honneur que j'ai
d'être avec un très profond
respect,

        Mon très chèr Papa,


        Vôtre très humble, très
        obëïssante et très soûmise
à Wolfenbuttel      fille et servante
ce 1er Août 1748.    Anne, Amelie.

ten.[6] Das zweite ist ein Glückwunschschreiben der neun Jahre alten Prinzessin zum Geburtstag des Vaters, ein artiges, auf französisch abgefaßtes Schreiben. Hier fällt besonders die extrem große Schrift auf.[7]

Aufenthalte der herzoglichen Familie im Wolfenbütteler Schloß wechselten sich mit solchen in Salzdahlum ab, dem Lustschloß und Sommeraufenthalt des Herzogpaars. Herzog Anton Ulrich hatte 1688 eigenhändig den Plan dafür entworfen, und zehn Jahre später war der Bau vollendet. Durch den bedeutenden Braunschweiger Landesbaumeister Hermann Korb wurde es zwischen 1694 und 1704 stark erweitert. Damals wurde auch eine »Große Galerie« angelegt, die Leo von Klenze 1799/1800 kennenlernte und als Vorbild für seinen Entwurf der Münchner Alten Pinakothek benutzte. Auch das im späten 19. Jahrhundert erbaute Braunschweiger Anton-Ulrich-Museum übernahm die Grundprinzipien des Salzdahlumer Modells. Berühmt waren die Schloßgartenanlagen: die Hannoveraner Gärten, die Anlagen von Kassel-Wilhelmshöhe und Versailles hatten hier Pate gestanden. Hundert Jahre lang war Salzdahlum in der Tat eine Art »kleines Versailles« der Braunschweiger. Sie feierten hier ihre bedeutendsten Feste, unter anderem 1733 die Vermählung Elisabeth Christines mit dem späteren König Friedrich II. 1771 begegnete dieser hier seiner Nichte Anna Amalia. Schon 1806 jedoch, unter Anna Amalias Bruder Carl Wilhelm Ferdinand, galt das Lustschloß als verfallen: Nach dem Bezug war keinerlei Bauunterhaltung betrieben worden, und die mehr als feuchten Untergründe hatten ihr übriges getan, um die Substanz zu schädigen. 1813 wurde Salzdahlum abgerissen. In Anna Amalias Jugend jedoch muß das Schloß mit seinen ausgedehnten Barockgärten, den Wasserspielen und Teichen mit venezianischen Grotten, den Pavillons und unzähligen Göttern Griechenlands und Roms in Gestalt von Gartenplastiken ein geradezu märchenhafter Ort für barocke Feste und Prachtentfaltung gewesen sein, und sicherlich auch für die Spiele der fürstlichen Kinder.

Kindliches Spielen hingegen mit Spielzeug, so wie wir es heute kennen, war den Kindern von Herzog Carl und Philippine Charlotte vermutlich fremd. In dem sogenannten *Moralischen Tableau*, welches Abt Jerusalem über die Erziehung des Erbprinzen und der übrigen Kinder

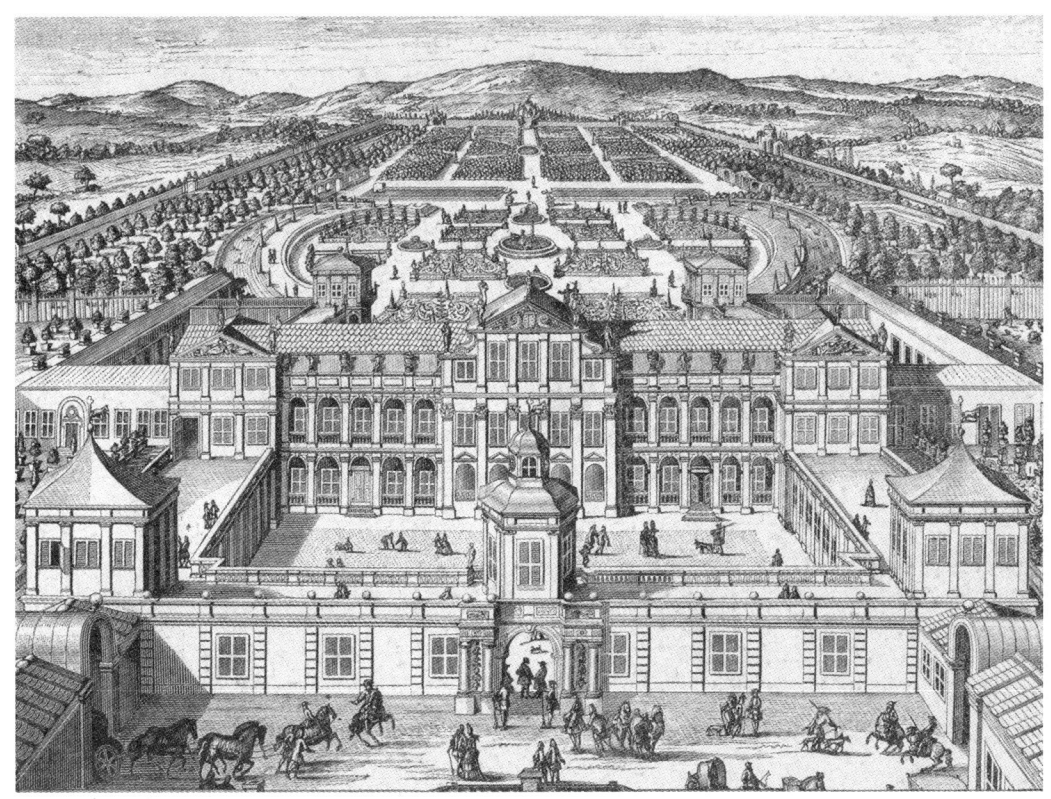

Herzog Carls über das Jahr 1754 anfertigte – Anna Amalia steht im 15. Lebensjahr –, findet sich im Anschluß an die Charaktereinschätzung der beiden Prinzessinnen Caroline und Amalie die Bemerkung, daß die jüngeren Brüder Amalias, mit »historischen Kupfern, kleinen Modellen, kleinen Collectionen von Medaillen und Naturalien«[8] spielten. Selbst das Spielen hatte also lehrreich, bildend zu sein, jedenfalls in dieser kultivierten Familie. Die Mädchen lernten von den Hofmeisterinnen Nadelarbeiten, das Filetsticken, das Knüpfen von Tapisserien sowie das Auseinanderzwirbeln von gedrehten Goldfäden, das sogenannte »Drieseln«, zum Zwecke weiterer Verwendung der teuren Goldfäden. Neben der Entwicklung von Fingerfertigkeit und Geschmack hatte diese stille Tätigkeit auch den günstigen Nebeneffekt, daß die Prinzessinnen jederzeit selbstgefertigte Geschenke parat hatten. Anna Amalia liebte das Handarbeiten im Kreise ihres kleinen Hofstaats in Weimar lebenslang und ließ sich dabei gerne durch Vorlesen unterhalten. Auch

*Das fürstliche Lustschloß Salzdahlum mit Gartenanlagen. Holzstich, vor 1813.*

*Anna Amalia von Sachsen-Weimar und Eisenach am Cembalo, mit einem Mops, dem Wappentier des »Mopsordens«. Ölgemälde von J. G. Zisenis, um 1769.*

Gesellschaftsspiele (um Geld), etwa das Würfeln, aber auch Blindekuh und »Plumpsack«, werden eine Rolle gespielt haben, daneben waren Kartenspiele wie Hombre und Pharao wichtig und mußten beherrscht werden. Beliebt waren im 18. Jahrhundert aber auch Tricktrack, Trisette, Pikette und Tarock, Anna Amalia liebte überdies das Carreau, ebenfalls ein Kartenspiel. Diese Vorliebe wird auf einer Zylindertasse, die im Wittumspalais in Weimar ausgestellt ist, dargestellt.

Über den Charakter seines inzwischen 14 oder 15 Jahre alten Zöglings Anna Amalia schreibt Abt Jerusalem im *Moralischen Tableau*:

»Glauben Sie aber jetzt nicht, daß ich Ihnen dieserwegen das Recht gebe, ihre Schwester *Amelie* ihr nachzusetzen. Sie müssen wissen, daß diese von ihrem zweiten Jahre an meine heroine gewesen ist. Sie sollen auch ihren caracter kennen. Sie hat die *brillante* Lebhaftigkeit nicht, aber eben den *soliden* Verstand, die feine Empfindung, das edele Herz. Ich beschreibe sie Ihnen nur, wie sie jetzt ist. Ihr Geist hat die Zeit nicht gehabt, sich schon völlig zu entwickeln; sie fängt erst an in der großen Welt zu erscheinen, und sie hat noch nicht Mut genug, wie sie ist, zu scheinen. Sie hätte alles Feuer, ihren *Sentiments* das schönste Leben zu geben. Aber sie verbirgt sie noch vor sich selbst. Bei mehrer Mute würde sie einen weit größern *eclat* machen, doch weiß ich nicht, wo sie mehr bei gewinnen würde. Nichts ist schöner als ihr *embarras*, wenn sie glaubt, daß sie ihr gutes Herz entdeckt hat, und in dem Augenblick sehen sie das fürtrefflichste Herz. Was ist beredter als eine solche *modestie*! Sie wird daher vielleicht nie von allen gekannt werden, denn sie wird auch ihre Wohlthaten verbergen, aber denen, die das Glück haben ihr nahe zu sein, wird sie allemal unendlich schätzbar sein.«[9]

*Anna Amalia bei einer ihrer liebsten Beschäftigungen: dem Lesen. Getuschte Silhouette, anonym, Ende 18. Jh.*

Diese Beschreibung klingt zunächst positiv, vergleicht man sie jedoch mit der der älteren Schwester Caroline, so wird deutlich, daß diese die eigentlich favorisierte Schülerin des Abtes war, da sie in allen höfischen Verhaltensweisen brillierte, während Anna Amalia unsicherer war und wenig »Staat machte«. Nach Anna Amalias Wegzug aus Braunschweig bestand lediglich konventioneller Briefkontakt mit Jerusalem, und auch die Beziehung zur älteren Schwester behielt lebenslang im wesentlichen konventionelle Züge, ein Zeichen dafür, wie kränkend die Erziehungssituation für Anna Amalia war.

Neben dem Abt Jerusalem spielte in der religiösen Erziehung der Prinzessinnen Caroline und Amalia ab 1748 der neue Hofkaplan Matthias Theodor Christoph Mittelstaedt die Schlüsselrolle. Dieser Zweig der Ausbildung, der auch die Sittenlehre umfaßte, war für die Prinzessinnenerziehung ganz besonders wichtig. Der Unterricht bei dem geschätzten Lehrer, der auch als Übersetzer von schöngeistiger und historischer Literatur tätig war, endete für Anna Amalia mit ihrer Konfirmation am 28. Dezember 1754 in der Kapelle des Wolfenbütteler Schlosses. Der Kontakt zu Mittelstaedt blieb auch nach Anna Amalias Übersiedlung nach Weimar lebendig. In mehreren Erziehungsfragen bzw. -konflikten konsultierte ihn die frühere Schülerin, auch sind mindestens drei Besuche seinerseits in Weimar zwischen 1773 und 1776, dem Todesjahr des Pfarrers, belegt.[10]

Zuletzt noch ein Blick auf die äußere Erscheinung Anna Amalias. Wie es viele Porträts ausweisen, ähnelte sie deutlich ihrer Mutter und dem Preußenkönig Friedrich, ihrem Onkel. Daß Anna Amalias Wuchs nicht vollkommen war, sie zum einen sehr klein, unter 1,55 m groß, war und offenbar entweder einen leichten Buckel oder eine Verwachsung hatte, scheint erwiesen zu sein. Sie kaschierte diesen Fehler gerne mit Tüchern, Spitzen und Borten.[11] Drei zeitgenössische Beschreibungen ihrer Person, die sich allerdings auf die Herzogin in ihren mittleren bzw. späten Jahren beziehen, sollen einen Eindruck von ihr vermitteln. Hier zunächst die Beschreibung des jungen Karl Wilhelm von Lyncker (1767-1843), der schon als Page bei Anna Amalia gedient hatte:

»Man nannte die Gesichtsbildung der jungen Regentin allgemein schön. Ihr großes durchdringendes Auge gestattete, wie sie selbst öfters erwähnte, nicht allein das zu sehen, was neben ihr, sondern auch zuweilen das, was hinter ihr geschah; doch blickte es sehr ernsthaft, wenn Etwas vorging oder sich vernehmen ließ, was der scharf durchschauenden Gebieterin mißfiel. Eine sehr hervorstehende Nase zeichnete bekanntermaßen das ganze Herzogliche Braunschweigische Haus aus …

Eine eigentümliche Lieblichkeit umgab ihren wohlgeformten, zartge-schlossenen Mund, und jedermann fand sich beglückt, gegen den sie ihn freundlich öffnete.«[12]

Karoline Jagemann, die Weimarer Hofsängerin und Ehefrau zur Lin-ken Herzog Carl Augusts, ist demgegenüber etwas kritischer:

»Die Tür des Salons öffnete sich, und ich stand der Fürstin gegenüber, die mich inmitten ihres kleinen Hofstaats erwartete. Das Äußere der hohen Frau besaß widersprechende Einzelheiten, die sich jedoch zu ei-ner fürstlichen Erscheinung vereinten, an ihrem geistigen Ausdruck, vor allem an der frappanten Ähnlichkeit mit Friedrich dem Großen erkennbar. Sie war klein, und ein gebogener Rücken störte die majestä-tische Haltung, die das Gesicht aufwies, tat aber der Anmut, die über ihr ganzes Wesen ausgegossen war, keinen Eintrag.«[13]

Und fast respektlos ehrlich äußert sich die der Herzogin sehr zugeta-ne junge Henriette von Egloffstein (1773-1864), die Anna Amalia 1787 kennenlernte:

»Es ist eine Eigentümlichkeit der Jugend, daß sie sich berühmte Men-schen auch mit körperlicher Schönheit ausgestattet vorzustellen pflegt. Man denke sich daher, wie *groß* meine Enttäuschung sein mußte, als ich eine kleine, verkrüppelte Gestalt mit großem Kopf und den starken Zü-gen ihres Oheims Friedrichs des Zweiten von Preußen an der Hand des regierenden Herzogs ins Zimmer treten sah. – *Dies* war *Amalie*!!«[14]

Anna Amalia wirkte also majestätisch und flößte Respekt ein, wenn-gleich sie keine Juno war. Sie beeindruckte vor allem durch persönliche Eigenschaften, auch dies beschreibt Henriette von Egloffstein:

»Niemand besaß in höherem Grad die Gabe, Vertrauen und Liebe zu erwerben, als diese unvergleichliche Fürstin. Sie sprach wenig, lobte und tadelte nur durch Blicke, und dennoch elektrisierte sie jeden, dem das Glück zuteil wurde, sich ihr nähern zu dürfen. Eine ihrer eminente-sten Eigenschaften bestand darin, die Eigentümlichkeit der Menschen zu erkennen, ihr freien Spielraum zu gönnen und jeder Originalität des gebührende Recht angedeihen zu lassen.«[15]

*Innenansicht der Wolfenbütteler Bibliotheksrotunde. Aquarell von Bourdet, 1885.*

# DIE WOLFENBÜTTELER BIBLIOTHEK
## ALS VORBILD FÜR ANNA AMALIAS
## WEIMARER BIBLIOTHEK

Die erwähnte Bücherleidenschaft Philippine Charlottes, der Mutter Anna Amalias, läßt sich sehr gut anhand des persönlichen Bücherkatalogs der Herzogin[1] nachweisen.

Die allgemein-historischen und kirchengeschichtlichen Werke bilden mit Abstand das größte Konvolut, eine weitere große Gruppe umfaßt die antiken Autoren. Es folgen Werke anderer älterer Autoren, Werke der Philosophie, Moral und schöngeistigen Literatur. Eine Auflistung von mehr als vier Seiten, insgesamt 55 Titel, verzeichnet Literatur über Italien, wobei die Literatur über Rom naturgemäß dominiert. Zumeist ist diese Italienliteratur, der Zeit entsprechend, in französischer Sprache abgefaßt. Diese Untergruppe ist die größte in der Büchersammlung der Fürstin über ein bestimmtes Land.

Die herzoglichen Kinder hatten im elterlichen Schloß Zugang zu Büchern aus den unterschiedlichsten Wissensgebieten, zu Nachschlagewerken und zu schöngeistiger Literatur. Schon früh wurden sie »literarisiert« und mit den damals zum Teil komplizierten Modalitäten des Büchererwerbs auch über die Landesgrenzen hinaus vertraut gemacht.

Die Privatbibliothek im Schloß war aber bei weitem nicht die einzige Möglichkeit für Anna Amalia und ihre Geschwister bzw. auch für deren Erzieher, wichtige ältere, aber auch neue Bücher einzusehen: Da sich das Wolfenbütteler Schloß in unmittelbarer Nachbarschaft zu der bereits in der damaligen Welt berühmten Bibliothek, der heutigen Herzog August Bibliothek Wolfenbüttel, befindet, lag es nahe, daß sich auch der Wolfenbütteler Hof rege am Ausleihverkehr dieser Bibliothek beteiligte.[2]

Die Bibliotheca Augusta oder Herzog August Bibliothek (diese Namensgebung erfolgte aber erst nach dem 1. Weltkrieg) war ursprünglich die Büchersammlung Herzog Augusts d. J. zu Braunschweig-Lüneburg (1579-1666). Schon als junger Mann hatte dieser früh weitgereist und

*Die Wolfenbütteler Bibliotheksrotunde von außen in einer zeitgenössischen Darstellung. Stich von Merian, 1654.*

gut ausgebildete Herrscher, der seine Residenz von Hitzacker nach Wolfenbüttel verlegt hatte, begonnen, sich eine alle Wissensgebiete umfassende Büchersammlung anzulegen. Die Aufsicht über deren Erweiterung führte er selbst und nahm auch eigenhändig die Katalogisierung der wöchentlich wachsenden Bibliothek vor. So galt sie bald als »achtes Weltwunder« und größte Büchersammlung nördlich der Alpen.[3] Hatte sie im Jahr 1625 einen Bestand von 25 000 Werken zu verzeichnen gehabt, konnten beim Tode von Herzog August, diesem ersten »Herzog der Bücher«, 135 000 Titel gezählt werden. Berühmt und bedeutend war auch die Erfindung des mit dem sogenannten »Planetenantrieb« versehenen Bücherradkatalogs, den man heute noch in der Wolfenbütteler Bibliotheca Augusta bewundern kann: Durch wie die Planeten im Sonnensystem angeordnete zahlreiche Zahnräder sind die großen Regalbretter je nach Wunsch nach oben oder unten rollend zu verschieben, so daß die sechs Großfoliobände mit jeweils 1200 Seiten, in welchen die Bestände und ihre (damalige) Anordnung in der Bibliothek verzeichnet sind, bequem eingesehen werden können, ohne sie selbst bewegen zu müssen.

Nach dem Tode Herzog Augusts, der in weiser Voraussicht testamentarisch verfügt hatte, daß die Büchersammlung nicht unter seine Erben verteilt werden dürfe und in Wolfenbüttel verbleiben müsse, wurde die

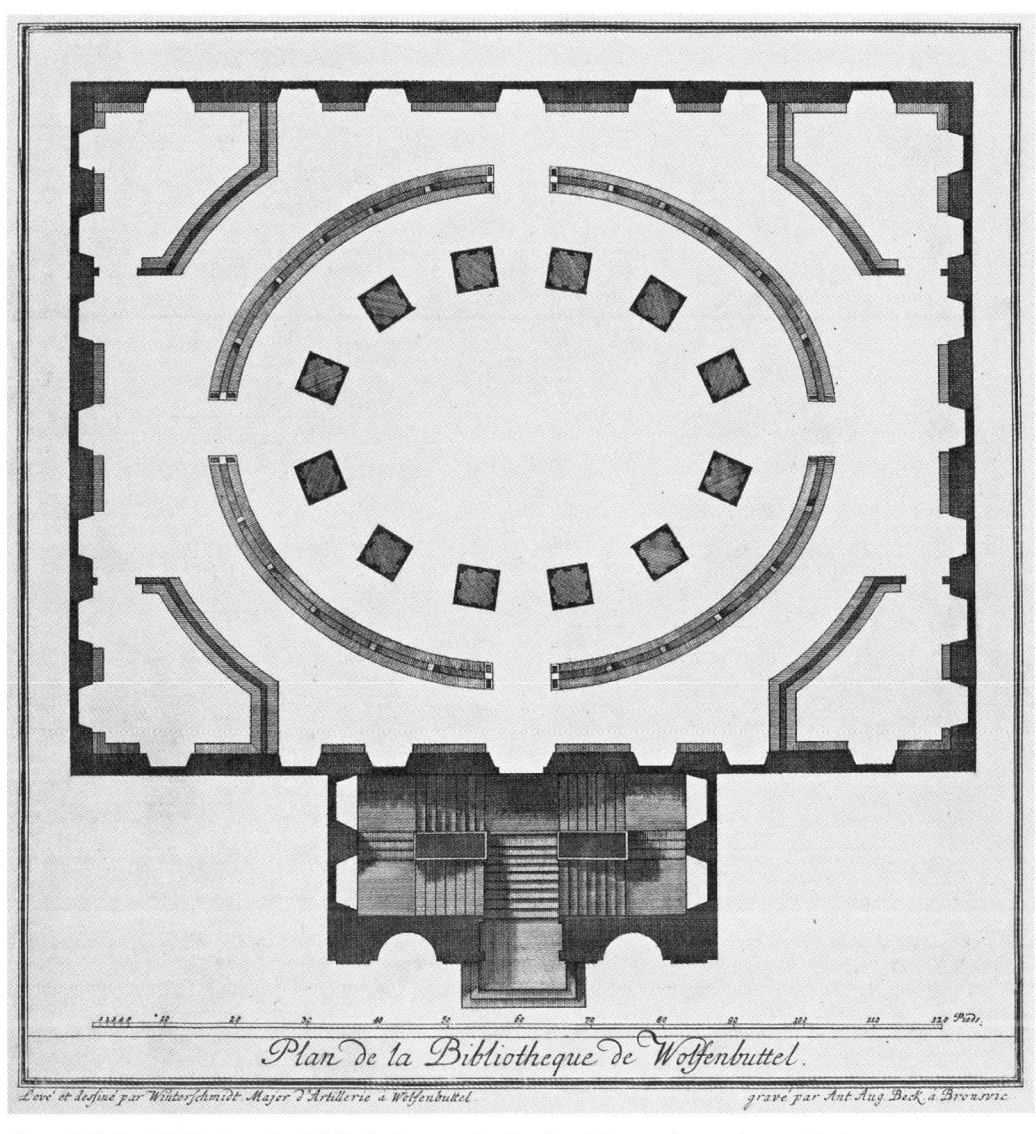

*Plan de la Bibliotheque de Wolfenbuttel.*

Levé et desiné par Winterschmidt. Major d'Artillerie à Wolfenbuttel                grave par Ant. Aug. Beck à Bronsvic

*Grundriß der Wolfenbütteler Bibliotheksrotunde. Kupferstich von Anton August Beck, um 1770.*

*Der Bibliothekssaal der heutigen Herzog August Bibliothek Wolfenbüttel (Augustäerhalle)
mit dem Bücherrad.*

Bibliotheca Augusta den Gebildeten öffentlich zugänglich gemacht. Unter Herzog Anton Ulrich dann – er hatte Gottfried Wilhelm Leibniz als Bibliothekar eingestellt – wurde zwischen 1705 und 1711 als bedeutendstes öffentliches Gebäude jener Zeit ein Bibliotheksneubau errichtet, der vielfach als Vorbild für die großen Bibliotheksbauten in Wien (Fischer von Erlach), in Oxford und schließlich in Weimar angesehen wird.[4]

Unmittelbar neben dem späteren Lessinghaus gelegen, bestand das Gebäude aus einem rechteckigen Baukörper mit Vorhalle, wie alle damaligen Gebäude in Wolfenbüttel in Fachwerkbauweise ausgeführt. In das Rechteck wiederum war eine ovale Halle mit Tambourkuppel eingeschlossen, die ausschließlich über das Oberlicht beleuchtet war – diese Halle war der Lesesaal, der an allen Seiten Regalwände aufwies, die allerdings nur über eine, nicht – wie später in Weimar – über mehrere Galerien in lichte Höhen geführt wurde. Zahlreiche auf Säulen montierte Büsten, die Gelehrten der Antike und Neuzeit darstellend, vervollständigten ein Ensemble, das nicht zu Unrecht mit dem Pantheon in Rom verglichen wird, wenngleich heute der Typus der sächsischen Schloßkapellen als Vorbild gesehen wird. Die Tempel- oder Kirchenarchitektur war also beispielgebend für einen Bibliotheksbau, der nun als Tempel oder Sakralgebäude der Gelehrsamkeit interpretiert wurde.

Gleichwohl war eine solche Umdeutung nicht neu, denn schon in der Antike, so in Alexandria, war die Bibliothek dem Tempel angegliedert und bestand aus einem prachtvollen Raum und einer Säulenhalle. Auch eine künstlerische Ausstattung der antiken Bibliotheken ist überliefert, in Form von vergoldeten Decken, kostbaren Fußböden, Statuen und Medaillons. Mit dem Untergang der antiken Kultur und auch der antiken Bibliotheken trat die Bibliotheksarchitektur als Bauaufgabe dann allerdings zurück, um erst in der Renaissance wiederaufgegriffen zu werden: Die Grundformen des Ovals oder der Rotunde wurden jetzt gerne als Sinnbild für die umfassende Gelehrsamkeit betrachtet und daher bei der Einrichtung von Bibliotheksräumen in Fürstenschlössern oder Klöstern eingesetzt.[5] Neu in Wolfenbüttel waren nun aber die – möglicherweise programmatische – Herauslösung des Bibliotheksgebäudes aus dem architektonischen Zusammenhang des Fürstenschlosses oder Klosters und die damit einhergehende Öffnung für größere Bevölkerungsschichten. Die Bibliotheca Augusta hatte in dieser Hinsicht eine Vorreiterrolle.

Die Wolfenbütteler Herrscher auch nach Herzog August und Herzog Anton Ulrich blieben den Künsten und der Literatur treu, wenngleich sie die Bibliothek nicht mehr so konsequent durch Ankäufe ausbauten wie Herzog August. Erst Herzog Carl I.,[6] Anna Amalias Vater, erreichte durch Verhandlungsgeschick und Geld, daß zehn Fürstenbibliotheken aus dem Umkreis des Hauses Braunschweig-Lüneburg zwischen 1752 und 1801 in die Bibliothek übernommen wurden, dazu noch die Gelehrtenbibliotheken von Lorenz Härtel, Jacob Burckhard und G. L. Baudiss. Ein wichtiger Mitstreiter bei diesem Unterfangen war Georg Septimus von Praun, der seit 1751 die Oberaufsicht über die Wolfenbütteler Bibliothek innehatte. Er war ein vielseitiger Mann, zunächst als Bibliothekar, dann als Geheimer Justizrat, Vizekanzler, Präsident und seit 1773 als leitender Minister in Braunschweig tätig. Er wird uns im nächsten Kapitel als von Carl I. nach Weimar entsandter Beistand für Anna Amalia in ihrer wohl schwierigsten Lebensphase wiederbegegnen.

Wichtig für die Wolfenbütteler Bibliothek in dieser Frühphase ist die bis ins 19. Jahrhundert beibehaltene separate Aufstellung der neu hinzukommenden Sammlungen; dieses Prinzip wurde dann auch in Weimar gepflegt.

Grund für den Abriß der legendären Bibliotheksrotunde 1887 war die vollkommene Baufälligkeit des auf feuchtem Grund errichteten Gebäudes. Zwischen 1884 und 1887 wurde dann der heute noch die Herzog August Bibliothek beherbergende wilhelminische Bau an leicht verändertem Standort am Schloßplatz errichtet.

Bei den Altbeständen der Bibliotheca Augusta[7] dominieren die Gebiete der Staats-, Rechts- und Geschichtswissenschaften, denn dies waren die Gebiete, die die jungen Prinzen in extensis zu studieren hatten. Daneben gibt es ebenfalls viele philologische und kunsthistorische Bücher. 1753, als Anna Amalia 14 Jahre alt war, wurde eine Zählung vorgenommen, die summa summarum einen Bestand von 67 435 Bänden ergab. Für Ankäufe standen in der fraglichen Zeit nur 200 Reichstaler (diese allerdings regelmäßig) pro Jahr zur Verfügung, dennoch lassen sich hieraus interessante Schwerpunkte der Ankaufspolitik dieser Bibliothek ableiten: Es überwog die historische Literatur inklusive der Militaria, Biographik, Reiseliteratur und Münzkunde, also wiederum die Fachgebiete, die bei der Prinzenerziehung die wichtigste Rolle spielten. Doch auch die Medizin und Astrologie bilden in Wolfenbüttel einen bedeutenden Zusammenhang, während die modernen Naturwissenschaften nur wenig vertreten sind.

Wenn man die Bücher gesondert nach Sprachen betrachtet, so fallen die 10 000 Bände in italienischer Sprache auf, von denen sich 8000 wahrscheinlich bereits zu Anna Amalias Zeit in der Bibliothek befanden. Bedeutend in diesem Konvolut sind die zahlreichen Musikdrucke und Libretti.

Die Bestände der damaligen Bibliotheken in Wolfenbüttel, derjenigen im Privatbesitz der Fürstin wie in der Bibliotheca Augusta, zeigen, daß bestimmte spätere Schwerpunktinteressen Anna Amalias, so ihr Interesse an Italien und der italienischen Sprache wie ihre Liebe zu italienischer Musik, dort durch »starke Bestände« präfiguriert wurden. Ob es sich bei dieser Übereinstimmung lediglich um einen »kulturellen Humus« handelte oder ob die Interessen der fürstlichen Kinder, speziell Anna Amalias, schon in bestimmte Richtungen orientiert wurden, kann natürlich nicht eindeutig beantwortet werden.

# SCHICKSALHAFTE JAHRE

## 1755-1758

Mit der Konfirmation galt eine junge protestantische Fürstentochter im 18. Jahrhundert als erwachsen und damit auch als heiratsfähig. 1753 bereits, ein Jahr vor diesem wichtigen Einschnitt in Anna Amalias Leben, war der Wolfenbütteler Hof nach Braunschweig in den »Grauen Hof« umgezogen.

Die Kontaktnahme zwischen Ernst August II. Constantin von Sachsen-Weimar-Eisenach (1737-1758) und Anna Amalia ging von Weimar aus und erfolgte im Februar 1755, also nur wenige Monate nach ihrer Konfirmation: Der Direktor des weimarischen Obervormundschaftskollegiums wandte sich im Namen des noch unmündigen Prinzen an Herzog Carl I. In diesem ersten Brief wird von dem Wunsch des Weimarer Thronfolgers gesprochen, eine der Töchter Carls I. zu heiraten – von Anna Amalia speziell ist noch nicht die Rede. Der Vater wird gebeten, ein Bildnis einer in Frage kommenden Tochter nach Weimar zu schicken. Er schickt ein Bild Anna Amalias. Offenbar kommt ihre zwei Jahre ältere Schwester Sophie Caroline Marie nicht in Betracht für den als kränklich geltenden Prinzen. Möglicherweise hatten die Eltern für die ältere Tochter aber auch bereits andere Abreden getroffen. Der junge Prinz war seit dem Jahr 1748, als sein Vater Ernst August I. gestorben war, in vormundschaftlicher Erziehung in Gotha unter dem Erzieher Graf Heinrich von Bünau großgeworden und hatte noch im Dezember 1755 auf seinen Wunsch hin die »venia aetatis« erhalten, die kaiserliche Mündigkeitserklärung, die die Bedingung für die Regierungsübernahme darstellte. Im Februar 1756 reiste er dann zusammen mit Graf Bünau und einer Gruppe von fast 40 Personen nach Braunschweig zur Brautschau, unter dem Vorwand, die Braunschweiger »Lichtmeß« zu besuchen, und unter dem Pseudonym eines Grafen von Allstedt. Am 20. Februar hielt er um Anna Amalias Hand an. Die Hochzeit wurde auf den 16. März angesetzt.

*Braunschweig in der ersten Hälfte des 18. Jahrhunderts. Kupferstich, um 1760.*

Vermutlich hatte man es wegen der beunruhigenden Kränklichkeit des Thronfolgers so eilig und wegen seines Wunsches, möglichst bald Vater wiederum eines Thronfolgers zu werden. So jung er war, wußte er doch, wie sehr seine sächsische Verwandtschaft schon auf die Übernahme seines Landes wartete, sollte er ohne Nachkommen sterben. Die da warteten, waren Friedrich III. von Sachsen-Gotha-Altenburg, der den Prinzen am liebsten mit der eigenen Tochter verheiratet hätte, und Franz Josias von Sachsen-Coburg-Saalfeld, der in Weimar vormundschaftlich für den jungen Prinzen regiert hatte und dem Anna Amalias Vater aufgrund der Heirat seiner Schwester mit dem Coburger Erbprinzen 1749 enger verbunden war.

Die Entscheidung Ernst August II. Constantins für eine Tochter Carls I. war also wie alle derartigen Entscheidungen Teil einer strategischen Planung, löste jedoch bei einigen Beteiligten auch Verwunderung aus. Es war seltsam, daß ein schon in der zweiten Generation kaisertreuer Fürst plötzlich um eine Prinzessin aus einem Hause warb, das seiner-

*Der »Graue Hof« in Braunschweig. Lithographie, um 1830.*

seits der preußischen Dynastie eng verbunden war. Die politischen Gründe, die den jungen Weimarer Regenten im einzelnen zur Wahl einer Braunschweiger Prinzessin ermutigten, sind nicht deutlich auszumachen. Vermutet wird, daß Sophie Antoinette, die erwähnte Schwester Carls I., die Kontaktnahme anregte.[1] Vielleicht bestimmte aber auch einfach der Wunsch, sich über die Heirat dem mächtigen Preußen annähern zu können, die Entscheidung.

Für Anna Amalia war der Bräutigam jenseits dieser machtpolitischen Überlegungen ein völlig unbeschriebenes Blatt. Bis zur Verlobung kannte sie ihn nicht, danach blieben wenig mehr als drei Wochen Zeit bis zur Hochzeit, um das Kennenlernen nachzuholen, natürlich immer unter der Aufsicht der Hofleute, ohne Gelegenheit zu einem Gespräch unter vier Augen. Vergnügungen wurden für das junge Paar inszeniert, das gemeinsam Konzerte, das Theater und höfische Feste besuchte. In unseren Augen mag das eine gewaltsame, unnatürliche »Verkuppelung« sein; Anna Amalia nahm den Vorgang als das wahr, was er für eine junge Prinzessin in ihrer Zeit war, nämlich als ganz normal und in gewisser Weise sogar befreiend: »In meinem 16ten Jahre wurde ich aus denen harten Banden erlöset. Man verheiratete mich so wie gewöhnlich man Fürstinnen vermählt.«[2]

Ein wichtiger Schritt auf dem Weg zur Heirat war der Ehevertrag. Hier waren die Mitgift Anna Amalias, ihre jährlichen Einkünfte aus Braunschweig, die Morgengabe des Bräutigams und die ihr zugestandene Unterkunft, sollte sie früh Witwe werden, geregelt, desgleichen ihr Verzicht auf Erbansprüche in Braunschweig-Wolfenbüttel, wenn männliche Erben vorhanden sein sollten,[3] sowie der Umfang ihres Hofstaats, der im einzelnen aufgelistet wurde: Ein Oberhofmeister, eine Oberhofmeisterin, zwei oder drei adlige Hofdamen, dazu zwei Kammerjungfrauen, hiervon die eine aus Braunschweig mitzubringen, die andere in Weimar auszusuchen. Des weiteren: Ein bis zwei Garderobieren und drei bis vier Lakaien, für die Hofdamen wiederum zwei Kammerjungfern und ein Lakai.[4] Anna Amalia setzte durch, daß sie drei Braunschweigerinnen mitbringen durfte, die Kammerjungfer Stephanie und die Garderobieren Kotzebue und Piper.[5]

Die Hochzeit selbst wurde nicht im Lustschloß Salzdahlum, sondern in dem erwähnten, zwischen 1717 und 1731 durch Hermann Korb errichteten Braunschweiger Grauen Hof am Bohlweg gefeiert, als das erste große dort stattfindende höfische Ereignis. Es dauerte vom 16. bis zum 19. März und war von Herzog Carl I. selbst in allen Einzelheiten geplant worden.[6] Während der Trauungszeremonie wurden 150 Schuß Salut abgefeuert, Trommeln und Trompeten erklangen. Daraufhin folgte das für den Hof im 18. Jahrhundert übliche Programm, Bälle, Theater- und Opernaufführungen. Nach dem religiösen Akt in der Schloßkapelle fand das Festessen bei Tafelmusik statt, und im Anschluß löste der Vater Anna Amalia die Strumpfbänder und verteilte sie an eingeladene ledige Damen, denen damit die baldige eigene Verheiratung »prophezeit« wurde. Ein Abschiedsbesuch Anna Amalias bei ihrer Großmutter Antoinette Amalie in Schloß Antoinettenruh schloß sich an, bevor das junge Paar am 20. März gen Weimar abreiste.

Weimar muß Anna Amalia, die in einem golddurchwirkten blauen

Kleid anreiste, als eine im Vergleich zu Braunschweig ackerbürgerlich anmutende, schmutzige, noch weitgehend mittelalterliche Stadt vorgekommen sein. Sicherlich waren die mitgebrachten drei vertrauten und ihr dienstbaren Frauen in ihrer unmittelbaren Umgebung auch so etwas wie ein Wall gegen die neue Welt und das Zusammensein mit ihnen eine Möglichkeit des Rückzugs.

Die in kurzer Zeit auf sie einströmenden Ereignisse, das Kennenlernen und das Hineinwachsen in die neue Verantwortung einer Herzogin ließen wohl nur wenig Zeit für Reflexionen über die Veränderungen: Nicht nur mußte sich Anna Amalia in ein völlig neues Umfeld, das auch von Intrigen parteiischer Lager gegeneinander geprägt war, eingewöhnen, auch die Frage nach der Thronnachfolge war aufgrund der schlechten Gesundheit des Regenten sofort relevant.

Glücklicherweise konnte Anna Amalia am 3. September 1757 einem Knaben, dem späteren Herzog (und ab 1815 Großherzog) Carl August, das Leben schenken. Daß sich die junge Frau aber mit dem Aufbau stabiler neuer Beziehungen zunächst schwertat, beweist ein Brief an ihren Vater, den sie am 12. Mai 1757 aus Schloß Belvedere bei Weimar, neben Ettersburg damals einer der beiden Sommersitze der Weimarer Herzöge, abschickte:

» … Ich muß meinem lieben Papa anzeigen, daß es leider nicht viele Personen gibt, denen mein Bestes am Herzen liegt; und ich nenne nur solche meine Freunde, die mir die Wahrheit sagen und die mir gute Ratschläge geben, und ich hoffe, daß mein lieber Papa meiner Meinung ist. Ich bitte Eure Gnaden Serenissimus, mir in dieser Sache Seinen Rat zu geben; es gibt Leute, die so impertinent sind, zu glauben, daß sie die Macht über mich hätten und vor allem über alles, was mich betrifft. Was mich angeht, so glaube ich, daß ich gut daran täte, nicht von irgend jemandem zum Narren gehalten zu werden und zu tun, was immer gut mir selbst erscheint. Hierin bitte ich Euch, mir gnädig Eure Ansichten mitzuteilen, und wenn mein lieber Papa es für gut hält, daß ich mich von anderen regieren lasse, würde ich es auf Befehl meines lieben Papas tun. …«[7]

Anna Amalia muß sich deutlich darüber im klaren gewesen sein, daß

Ernst August Constantin
Herzog zu Sachsen.
Protector
Der teütschen Gesellschaft zu Jena.

Ernst August II.
Constantin von
Sachsen-Weimar und
Eisenach.
Eines der wenigen
zeitgenössischen
Porträts des
Ehemanns von Anna
Amalia. Kupferstich
von J. Christian
Sysang, um 1756.

ihre neue Rolle als Herzogin nicht einhergehen konnte mit fortgesetzter Fremdbestimmung. Zu den Personen, die sie, wie sie meinte, manipulierten, gehörte der erwähnte Graf Bünau, der seit Ende 1755 Premierminister des Herzogtums war, mithin allen höheren Landesbehörden vorstand und die Regierungsgeschäfte so weitgehend leitete, daß Friedrich von Brandenburg-Bayreuth schon im August 1756 Carl I. darüber informierte, daß sich Anna Amalia und Ernst August Constantin in einer der »Sclaverey« nicht unähnlichen Situation befänden. Selbst die Ausgaben aus der herzoglichen Schatulle seien durch Bünau kontrolliert und eingeschränkt worden.[8] Eine Antwort Carls I. ist leider nicht bekannt. An anderer Stelle beklagte sich Anna Amalia bitter über Bünau, bezeichnete ihn als herrschsüchtig und eigennützig und gab damit zu erkennen, daß sie diesen glänzenden Landesadministrator haßte.[9]

Auch politisch ergaben sich noch im Jahr 1756 Komplikationen, die binnen kurzem Anna Amalias Aufmerksamkeit und ihren ganzen Einsatz verlangen sollten: Der Siebenjährige Krieg war durch den Angriff Preußens auf Kursachsen ausgebrochen. Er stellte insbesondere die beschriebene Freundschaft zwischen Friedrich dem Großen und Braunschweig-Lüneburg auf die Probe. Die ersten Siege des Preußenheeres, das einzig mit England, Braunschweig-Hannover und Hessen-Kassel alliiert war, mobilisierten fast ganz Europa. Der Krieg sollte viele Soldatenleben kosten, und auch das kleine Weimar mußte seinen Tribut an Rekrutenlieferungen zahlen.

Dem jungen Herzogpaar blieb nur wenig Zeit füreinander, noch weniger dem jungen Vater, sein erstes Kind kennenzulernen, denn der Weimarer Regent erkrankte zu Beginn des Jahres 1758 schwer. Schon im Februar befand sich die Krankheit offenbar in einem solchen Stadium, daß sein baldiger Tod nicht auszuschließen war und Anna Amalia sich Gedanken um das Testament ihres Mannes machte. Der von Graf Bünau vorgelegte Entwurf, der am 21. Februar von dem Kranken unterzeichnet wurde, entsprach nicht ihren Vorstellungen. Laut dieses ersten Testaments war im Falle des Ablebens ihres Ehemanns bei Zurücklassung unmündiger Kinder neben ihr der König von Dänemark Mitregent. Außerdem hatte sich Bünau in diesem Entwurf selbst als Schalt-

und Kommunikationsstelle zwischen den Regierungsgremien, der Herzogin und dem dänischen König vorgesehen, was seine Position eher noch konsolidiert hätte. Anna Amalia informierte ihren Vater, dieser reagierte sofort alarmiert und schickte in der prekären Situation im März 1758 seinen wertvollsten und gebildetsten Vertrauten, den Vizekanzler Georg Septimus Andreas von Praun, nach Weimar. 15 Monate lang sollte er dort als guter Geist aus Braunschweig Anna Amalia zur Seite stehen. Gemeinsam mit dem Weimarer Geheimen Rat Nonne, einem Gegner Bünaus, erarbeitete er ein geändertes Testament, das Ernst August II. Constantin noch billigen und am 22. März 1758 unterzeichnen konnte: Darin war bis zu Anna Amalias Volljährigkeit nicht der König von Dänemark, sondern Carl I. vorläufiger Landesadministrator. Danach würde sie selbst die alleinige Obervormundschaft über ihre Kinder sowie auch die Landesadministration ausüben, dies alles bis zur Volljährigkeit des ersten Sohnes.

Nur zwei Monate später, am 28. Mai 1758, starb der junge Fürst im Alter von 20 Jahren. Anna Amalias spontane Trauer ist überliefert, aber auch ihre schnell wiedergefundene Fassung. Ihr pragmatischer Sinn ließ sie die neuen Pflichten mutig in Angriff nehmen. Diese waren vielfältig, denn sie erwartete ihr zweites Kind für den Monat September und hatte sich gleichzeitig in kürzester Frist auf die Regierungsverantwortung vorzubereiten. Und nicht nur das: Das zweite und letzte Testament ihres Gemahls wurde von verschiedenen machtpolitischen Gruppierungen außerhalb Weimars angefochten.

Zunächst sah alles relativ unkompliziert aus. Anna Amalia machte am 15. Juni 1758 bei Kaiser Franz I. eine Eingabe. Darin bat sie um die »venia aetatis«, die bereits ihrem Ehemann zuvor erteilte vorzeitige Volljährigkeitserklärung, um die Regierungsgeschäfte, die interimistisch mittlerweile ihr Vater für sie ausübte, selbst zu übernehmen. Der Kaiser entsprach Anna Amalias Bitte zwar, gab ihr jedoch im Kodizill vom 24. Oktober 1758 den König von Polen und gleichzeitigen Kurfürsten von Sachsen August als Mitregenten zur Seite, vermutlich, um auf diese Weise die preußische Übermacht in Sachsen-Weimar zu schwächen. Diese Entscheidung führte zu einer wahren Flut von Briefen im Monat

*Das Titelblatt von Anna Amalias autobiographischer Schrift »Meine Gedanken«.*
*Handschrift von 1772.*

November: Anna Amalia schrieb erneut an den Kaiser, ihr Vater tat es ihr nach, es folgten die Briefe der Regionalvertretungen oder »Landschaften« Weimars, Eisenachs und Jenas, des Herzogs von Sachsen-Coburg, sowie die der Herzöge von Sachsen-Gotha-Meiningen und Hildburghausen. Ihr gemeinsames Argument lautete, der Kurfürst von Sachsen sei der »Agnatum remotissimum«, also am weitesten verwandtschaftlich entfernt, und man dürfe weder die näheren Verwandten derartig übergehen noch das letzte Testament des verstorbenen Weimarer Fürsten unberücksichtigt lassen.[10]

Der Konflikt setzte sich mit Höhen und Tiefen bis zum 9. Juli 1759 fort – Anna Amalia war am 8. September 1758 im übrigen zum zweiten Male Mutter eines Sohnes, des Prinzen Constantin, geworden –, und die kaiserliche Bewilligung des Gesuchs Anna Amalias wurde an eine wichtige Bedingung geknüpft: Sie erhielt die alleinige Obervormundschaft und Landesadministration, mußte aber versprechen, daß Weimar die kaiserliche Position auf dem Reichstag unterstützen würde. Somit sollte sie sich also in Zukunft gegen ihre preußische Verwandtschaft wenden, und zwar im wörtlichen Sinne, indem sie nämlich ein Kontingent an Soldaten stellte, die im kaiserlichen Heer gegen Preußen und damit auch gegen Braunschweig-Wolfenbüttel kämpfen sollten.[11] Angesichts des herrschenden Kriegs und der Möglichkeit wechselnden Kriegsglücks war dies realpolitisch äußerst problematisch. In den nächsten vier Jahren war diplomatisches Verhalten deshalb wichtiger denn je, da weder Preußen noch Österreich durch das kleine Herzogtum in der Mitte Deutschlands verärgert werden durften. Es war eine schwierige Aufgabe, die die junge Herzogin jedoch bravourös meisterte.

Mit Recht verweist Anna Amalia in ihrem vermutlich 1772 in einer persönlichen Krise entstandenen, vier beidseitig beschriebene Blätter umfassenden autobiographischen Text *Meine Gedanken* auf die schnelle Abfolge der Veränderungen in ihrem jungen Leben:

»In meinem 18ten Jahre fing die größte Epoche meines Lebens an. Ich wurde zum zweitenmal Mutter, wurde Wittib, Obervormünderin und Regentin. Die schnellen Veränderungen, welche Schlag auf Schlag kamen, machten mir einen solchen Tumult in meiner Seele, daß ich nicht zu mir selber kommen konnte! Ein Zusammenfluß von Ideen, von Gefühlen, die alle unentwickelt waren, kein Freund, vor den ich mich aufschließen konnte! Ich fühlte meine Untüchtigkeit, und dennoch mußte ich alles in mir selber finden. Wenn man die Gefahr vor Augen sieht oder der Mensch viele Leiden hat, so nimmt er seine Zuflucht zum Gebet. Nie habe ich mit wahrer und mehrer Inbrunst gebetet als zu dieser Zeit; ich hätte die größte Heilige werden können. In den Jahren, wo sonst alles blüht, war bei mir nur Nebel und Finsternis.«[12]

Die Braunschweiger Familie ließ Anna Amalia in dieser gewaltigen Umbruchsphase ihres Lebens nicht im Stich. Neben den Briefen, die sie mit dem Vater wechselte, gab es andere, an die Mutter gerichtete: Ihre beiden Schwangerschaften waren Anlaß, Philippine Charlotte um Hilfe und einen Besuch zu bitten. Dieser Besuch erfolgte zwar nicht bei der Geburt Carl Augusts, doch einen Monat nach der zweiten Entbindung Anna Amalias traf die Braunschweiger Herzogin von zwei Töchtern begleitet tatsächlich in Weimar ein – wegen der Kriegsereignisse hatte sie die Reise aufschieben müssen.

Kurz vor der zweiten Entbindung hatte die junge Herzogin offenbar mit starken Todesängsten zu kämpfen. Ein Brief an ihren Vater vom 1. September 1758 in französischer Sprache rührt: Sie vertraute darin dem Vater im Falle ihres Todes bei der Geburt oder danach ihre Kinder an und wies Geschenke bzw. Vergünstigungen für einige ihr in Weimar nahestehende hilfreiche Personen an.[13]

Der Familienzusammenhalt zwischen den Höfen Weimars und Wolfenbüttels war also spätestens nach dem Tod Ernst August II. Constantins stark – Anna Amalia konnte sich in allen krisenhaften Augenblicken ihres Lebens, bei allen für sie schwierigen Entscheidungen, wenn sie beschloß, ihre Eltern einzubinden, auf diese verlassen.

# DIE OBERVORMUNDSCHAFTLICHE
REGIERUNG ANNA AMALIAS

## 1759-1775

»Da ich unter anhoffendem Göttlichen Beistand und Segen die Obervormundschaftliche Regierung dieser Lande angetreten habe, um sie
zum Nutzen und Bestand meiner unmündigen Prinzen und deren Lande zu führen; so bin Ich zuvörderst der Mir obliegenden schweren Verantwortung eingedenk, und um das in Mich gesetzte Vertrauen zu
rechtfertigen, erachte ich Mich, so weit es das Mir von Gott dargebotene
Vermögen gestattet, schuldig, nach dem weisen Exempel meines hoch-
geehrtesten Herrn Vaters Gnaden Mir die Mühe nicht verdrießen zu
lassen, alles mit eigenen Augen zu sehen und mit eigenen Ohren zu
hören.

Ich habe aus solcher Ursache mir fest vorgenommen, sowohl das Geheime Consilium fleißig zu besuchen, als auch von dem, was sonsten
und außer denen Sessionen vorfällt, mündlichen und schriftlichen Vor-
trag zu allen Zeiten willig anzunehmen, einem jeden aufmerksames
Gehör zu erteilen, treuer Diener Einrats Mich zu bedienen und darauf
zu resolvieren. …«[1]

Anna Amalia hatte diese Denkschrift am 8. September 1759, dem Tag
ihres Regierungsantritts, an das Geheime Consilium geschickt, die Ab-
fassung war allerdings im wesentlichen Vizekanzler von Prauns Werk.
Er bemühte sich einerseits, Wege aus der Verschuldung Sachsen-Wei-
mars zu finden, die zu Lebzeiten von Anna Amalias Schwiegervater
Ernst August angewachsen war, ohne andererseits den Hofetat zu stark
einzuschränken: Wichtig für einen wenngleich kleinen Hof war seine
Ausstrahlung, und die wiederum bestimmte sich durch das »decorum«,
welches über Konsum, Unterhaltung und Bedienung definiert wurde.
Daher erhöhte von Praun nach Absprache mit Carl I. das Budget der
Hofausgaben, die ursprünglich mit 30 000 Reichstalern jährlich angesetzt waren, auf 50 000 Reichstaler. Doch auch diese Summe war viel-

fach nicht ausreichend, und Anna Amalia steuerte oft Zuschüsse aus ihrer eigenen Schatulle bei. Die Staatsfinanzen konnten in der Zeit ihrer obervormundschaftlichen Regierung nicht saniert werden.

Von Praun legte nach seiner Rückkehr nach Braunschweig Aufzeichnungen unter dem Titel *Belehrungen für einen angehenden Regenten, insbesondere von Sachsen-Weimar* nieder, die an Anna Amalia gerichtet waren. Hierin werden ausgleichende Charaktereigenschaften als Bedingung für eine gute Regierung genannt, die die Glückseligkeit der Untertanen als oberstes Ziel verfolgen sollte. Daneben erläuterte der Vizekanzler die Reichsverfassung, ordnete das Fürstentum Weimar-Eisenach in seinen Beziehungen zum Kaiser und zum Reich und allen seinen

Institutionen ein, stellte auch dar, wie es sich mit den anderen Linien des sächsischen Hauses verhielt, und verdeutlichte der jungen Regentin die Bedeutung der Landstände. Er wies auch darauf hin, welche historischen Dokumente, etwa Erbstreitigkeiten betreffend, Reichslehensbriefe und ähnliches Anna Amalia studieren sollte. Sicherlich hat Anna Amalia diese Schrift sehr ernst genommen.

*Charlotte von Stein in einer späteren Darstellung. Stahlstich, Mitte des 19. Jahrhunderts.*

Schon im Jahr 1758 war in den Kreis der Hofdamen um Anna Amalia eine der bis heute legendenumwobenen Frauengestalten der klassischen Zeit getreten, damals noch ein junges Mädchen von 16 Jahren: Charlotte von Schardt, die spätere Charlotte von Stein und berühmte Goethefreundin. Sie übte ihren Hofdienst allerdings nur bis zu ihrer Verheiratung 1764 aus.

Einer der ersten Pläne, die Anna Amalia nach dem Tod ihres Mannes verfolgte, war die Entmachtung des Grafen Bünau. Diese konnte aufgrund der starken Machtposition des Grafen jedoch nur schrittweise erfolgen. Die Herzogin verbündete sich mit den Gegnern des Grafen am Hof und schaltete drei seiner Parteigänger sukzessive aus, indem sie sie pensionierte. Ersetzt wurden sie durch einen Mann, der Anna Amalias Vertrauen genoß: Friedrich Hartmann von Witzleben. Weitere wichtige Ratgeber des Geheimen Consiliums waren zu Beginn der Regierungszeit Anna Amalias neben Gottfried Nonne Carl Ernst von Rehdiger, Johann Poppo Greiner und Jacob Friedrich Freiherr von Fritsch.

Greiner wurde von Anna Amalia geradezu als väterlicher »Freund« angesehen, ein Ehrentitel, den sie nur wenigen Menschen in ihrem Leben
zuteil werden ließ. Von Fritsch hingegen, der zuletzt ins Consilium ein-
getretene Minister, gleichzeitig Meister vom Stuhl der in Weimar nach
Auflösung in Jena 1764 neugegründeten Loge *Anna Amalia zu den drei
Rosen*, genoß weniger Vertrauen von seiten Anna Amalias, da sie den
Logenaktivitäten äußerst reserviert gegenüberstand. Mit Distanz und
Besorgnis betrachtete sie die Versuche der Freimaurer, ihren Mitglie-
derbestand zu erweitern, und legte von Fritsch schließlich nahe, die Ak-
tivitäten der Loge bis zum Ende ihrer Regierungszeit auszusetzen. Die
Freimaurerei als reines Männerbündnis war der Herzogin also suspekt,
hingegen hegte sie Sympathien für den geschlechterübergreifenden, die
Geselligkeit in den Vordergrund stellenden und die Freimaurerei par-
odierenden »Mopsorden« und ließ sich vermutlich wegen dieser Sym-
pathie auch mit dessen Wahrzeichen, dem Mops, mehrfach abbilden[2]:
»Nach der Tagesordnung jener Zeit ließen sich fast alle vornehmen
Damen von Möpsen oder Windspielen begleiten, die nicht allein einer
großen Beachtung, sondern auch des Glücks genossen, sich auf diesen
oder jenen zarten Schoß niederlassen zu dürfen, und die Überbleibsel
ihrer Gebeine, auch auf den teuersten Kleidern, wurden sehr verzeihlich
gefunden. Auch die Hohe Frau war in ihrer früheren Zeit stets von diesen Modetieren begleitet, und welche Stelle Dieselben dazumal spielten,
bezeichnen noch viele alte Damenbilder, auf denen man fast stets, wenn
auch nicht einen ganzen Hund, doch wenigstens einen Hundekopf erblickt.«[3]

Wie füllte nun Anna Amalia die Regentschaft in Sachsen-Weimar-
Eisenach aus? Nahm man sie ernst oder drängte man sie eher ab?

Anders als bei allen Herrschern vor oder nach ihr entfielen die sonst
üblichen Erbhuldigungen der Landstände beim Regierungsantritt. Dies
ist damit zu erklären, daß die Herzogin nur als Obervormünderin ihres
Sohnes Carl August und für ihn regierte.[4] Die Allgemeinheit im Lande
sah Anna Amalias Regentschaft nur als Ersatz oder Vertretung an und
erwartete keine eigene Profilierung von ihr. Sie wollte ihrem Sohn ein
wohlregiertes Land in gutem Zustand übergeben, verstand jedoch bald,

daß kein Mensch von ihr einschneidende politische Veränderungen erwartete. Eine schwierige Situation, die zudem nicht nur von kurzer Dauer sein, sondern immerhin sechzehn Jahre währen würde.

Die Herzogin nahm ab ihrem Regierungsantritt sofort an den regelmäßigen Sitzungen des Geheimen Consiliums teil. Glücklicherweise gelang es ihr wirklich, Graf Bünau zu entlassen. Sie wertete dies als großen Erfolg für sich. Vizekanzler von Praun hatte inzwischen neue Bestimmungen erarbeitet, die es dem Consilium unmöglich machen sollten, die Regierungsgeschäfte ohne Kenntnis und schriftliche Billigung der Regentin durchzuführen. Er wollte damit sicherstellen, daß sein Schützling alle Amtsgeschäfte kontrollieren konnte. Doch wenig später beschränkte Anna Amalia selbst diese Möglichkeit, indem sie entschied, sich ausschließlich auf die Einsicht in Bittschriften, fürstliche Hand- und Kanzleischreiben sowie die Briefe der auswärtigen Gesandten zu konzentrieren. Alles Weitere hätte sie vermutlich zeitlich überfordert.

Zu Beginn ihres Amtsantritts hatte die junge Herzogin besonders interessiert und energisch gewirkt, so als wolle sie alle anstehenden Probleme ihres Landes lösen. Den Grundwiderspruch jedoch zwischen dem Repräsentationsanspruch des Hofes und der Notwendigkeit zu sparen konnte sie nicht auflösen. Immer wieder mahnte Hofmarschall von Witzleben an, daß für das Ansehen ihres Hofes große Repräsentationsausgaben notwendig waren.

Erfolgreicher war sie auf dem Gebiet der Außenpolitik. Erstaunlicherweise gelang ihr sogar ein Ausgleich mit Friedrich II. In einem persönlichen Treffen mit dem preußischen König konnte sie am 3. Dezember 1762 die Zahl der von ihm angeforderten Soldaten reduzieren. Dieses mutige Vorgehen war durch zahlreiche Briefe, die Anna Amalia mit ihrem Vater im Vorfeld gewechselt hatte,[5] vorbereitet worden; Carl I. hatte dazu geraten. Erneut war also die Beziehung zum Heimathof Braunschweig-Wolfenbüttel hilfreich.

Das Ende des Siebenjähriges Krieges 1763 markierte einen Einschnitt innerhalb der obervormundschaftlichen Regierung. Eine zweite Phase setzte ein: Ab sofort war die Außenpolitik nicht mehr das Hauptgeschäft, und es hätte sich nun angeboten, strikte Sparsamkeit walten zu

lassen, um die Schulden, die sich im Krieg angesammelt hatten, abzu-
bauen. Statt dessen wurde die Schuldenlast weiter erhöht, wurden dem
Hof zugehörige Bauwerke für teures Geld instand gesetzt, so daß im
Jahr 1779 die Summe von 130 599 Reichstalern Schulden aufgelaufen
war.[6]

*Das Bibliotheks-
und Universitäts-
gebäude Jena.
Radierung, um 1830.*

Und auch das Volk war unzufrieden, konnte die hohen Steuern nicht
aufbringen, die man ihm auferlegte, und dies schon vor der großen
Hungersnot in Thüringen von 1772. Die Mitglieder des Geheimen Consiliums verschoben notwendige Reformen auf die Zeit der »regulären«
Regentschaft Carl Augusts. Mehr und mehr entzogen sie Anna Amalia
die notwendigen Kenntnisse, um sich in Finanz-, Steuer- und sonstigen
innenpolitischen Fragen adäquat zu verhalten. Vermutlich verfolgte die
geheimbündlerisch organisierte Regierungsriege unter Minister von
Fritsch genau dieses Ziel. Dies mußte auf Anna Amalias Seite eine immer wachsende Resignation zur Folge haben, die sich auch darin zeigte,
daß sie die Landstände insgesamt nur zweimal in ihrer Regierungszeit
einberief, 1763 in Eisenach und 1768 in Weimar.

Reformpolitische Maßnahmen waren in ihrer Regierungsphase äußerst selten, und ihre oft lobend erwähnte Einführung einer Brandver-

*Das Weimarer Residenzschloß vor dem Brand 1774 auf einem kolorierten anonymen Kupferstich.*

sicherung verliert an Bedeutung angesichts der Tatsache, daß diese 1781 bereits wieder aufgehoben wurde.

Im religiösen Bereich zeigte Anna Amalia vergleichsweise große Toleranz: 1774 wurde dem Gesuch einer katholischen Gruppe nach einer Hausandacht mit katholischem Priester stattgegeben. Besonderes Interesse hatte sie an Verbesserungen im Schulwesen. Sie ordnete eine Visitation des seit längerem in Verruf geratenen Gymnasiums an und ließ 1770 neue Schulgesetze einführen: In der Folge wurden die Fächer Geschichte und Geographie sowie Sprachen verstärkt angeboten, eine unabhängige Gruppe kontrollierte den Unterricht, richtete einen Stipendienfonds ein und entließ zahlreiche Lehrer. Eingestellt hingegen wurde mit Johann Carl August Musäus zunächst als Pagenerzieher, später als Lateinlehrer am Gymnasium der erste der Dichter, durch die Weimar bald weltberühmt werden sollte. Anna Amalia kannte mit Sicherheit seinen satirischen Roman *Grandison der Zweite*.

Begeisterung brachte die Herzogin dem Theater entgegen: Wie er-

währt, hatte Anna Amalia in ihrer Kindheit und Jugend an einem zwar kleinen, doch theaterbegeisterten Hof gelebt, der das erste feststehende Theater Deutschlands (von 1592) aufweisen konnte. War während ihrer kurzen Ehe bereits die Doebbelinsche Truppe in Weimar engagiert gewesen, so endete dieses Engagement jedoch 1758. 1767 gewährte Anna Amalia erneut einer Theatertruppe, der Kochschen, Aufnahme in Weimar. Spielort war neben einem Theaterraum im Ostflügel des Schlosses das bisherige Reithaus in Sichtweite des Schlosses an der Ilm. Hier wurde 1768 Lessings *Minna von Barnhelm* aufgeführt, ein Stück, das auch deshalb als so modern empfunden wurde, weil es statt wie bisher auf französisch nun in deutscher Sprache geschrieben war. Ein einzelner Theaterabend bestand zur damaligen Zeit aus Aufführungen musikalischer und theatralischer Art, Ballettaufführungen markierten die Zäsuren zwischen den verschiedenen Stücken; es gab keine Spartentrennung wie heute, Musik und Dramatik waren vielmehr miteinander verbunden.

Die Musik spielte, wie schon in ihrer Kindheit, eine besonders große Rolle für die Herzogin; sie musizierte selbst und wohnte als Zuhörerin ebenso gerne reinen Musikaufführungen bei. 1756, im Jahr ihrer Eheschließung, war die Hofkapelle, die mit Unterbrechungen seit 1491, wenn auch an verschiedenen Residenzen des Reichs, existiert hatte, in Weimar neugegründet worden, doch lag die Zahl der Musiker, die aus Hofbediensteten und Militärmusikern rekrutiert wurden, bis 1781 unter 20 Personen, so daß im wesentlichen kammermusikalische Werke und die erwähnten Singspiele zur Aufführung kamen. Die Pflege dieser Gattung war eine Besonderheit des Weimarer Hofs, Höhepunkt war die Aufführung des deutschen Singspiels *Alceste* (1773), dessen Text von Wieland stammte. Und noch etwas ist hervorzuheben: Keine andere deutsche Theaterbühne war dreimal in der Woche allen Besuchern, die sich eine – kostenlose – Karte verschafft hatten, zugänglich.

Als 1774 das Residenzschloß und damit auch der Theatersaal in großen Teilen abbrannte, kündigte man der Theatergruppe erneut den Vertrag – dies war der Startschuß für die als »Selbsthilfeorganisation« zu verstehende Einrichtung des Liebhabertheaters der Herzogin.

Schließlich lag der Herzogin die Universität Jena, die Weimar gemeinsam mit den Höfen in Coburg, Gotha und Meiningen unterhielt, besonders am Herzen. Sie pflegte die Beziehungen zu den wichtigen Jenenser Professoren und konnte Reformen durchsetzen, die bessere materielle Ausstattung der Universität und eine angemessenere Bezahlung der Professoren betrafen ebenso wie eine Verwaltungsreform und eine strengere Studienordnung für die Studenten.[7] Doch anders als Ernst August II. Constantin und später Carl August wurde Anna Amalia nicht Rektorin der Jenaer Universität, auch hier galt die obervormundschaftliche Regierung als »nicht vollwertig«.

Die letzten vier Jahre vor der Regierungsübernahme durch Carl August, die dritte Phase in Anna Amalias Regentschaft, waren durch quälendes Verschieben wichtiger Entscheidungen gekennzeichnet. Mit der Konfirmation Carl Augusts im Frühjahr 1771 war der Moment der Regierungsübernahme in greifbare Nähe gerückt; im Februar 1774 machte die Universität Jena den noch minderjährigen Prinzen dann zu ihrem

Rektor Magnificentissimus, ein weiterer Schritt hin zur Übernahme der Regierung und zum Machtverlust Anna Amalias.

Und dann kam es auch noch zu der Katastrophe des Schloßbrandes, dessen Ursache bis heute nicht geklärt ist. Anna Amalias obervormundschaftliche Regierungszeit hatte, abgesehen von Protesten gegen die Steuereintreibungen und einer auf Ilmenau begrenzten Unruhe im Jahr 1768, als sehr ruhig gegolten. Es hatte zwar Unzufriedenheiten, doch keine großen Konflikte zwischen der Regierung und dem Volk gegeben. Mit einer Ausnahme: 1769, als in Jena eine Hebammenschule mit angeschlossenem Entbindungshaus eingerichtet werden sollte, wurde in der Bevölkerung Unmut wegen einer damit verbundenen Abgabe laut. Das Ziel der Maßnahme war es gewesen, die Ausbildung von Hebammen zu verbessern und uneheliche Geburten zu kontrollieren. Doch wurde das Projekt aufgrund der Proteste in der Bevölkerung 1771 aufgegeben. 1774 nun sollte es, so schlug es das Geheime Consilium vor, quasi als reformerische Abschlußleistung der obervormundschaftlichen Regierung Anna Amalias, die sich auch durch andere soziale Maßnahmen – zum Beispiel die unentgeltliche ärztliche Versorgung armer Menschen – ausgezeichnet hatte, erneut aus der Schublade gezogen und rasch durchgesetzt werden. Noch immer aber war den einfachen Menschen nicht klar, warum sie auf einmal den »Hebammengroschen« entrichten sollten. Auch diejenigen, die die Kontribution einsammeln sollten, die Viertelsmeister, leisteten Widerstand und wurden daraufhin festgenommen. Eine Protestversammlung der Weimarer Bürger am 5. Mai 1774 erwirkte jedoch ihre Freilassung.

Einen Tag später brannten im Residenzschloß der Nord- und der Westflügel ab, wo auch die Schloßkirche, das Hoftheater und die Bilderkammer ihren Sitz gehabt hatten.

Angeblich hatte eine Weimarer Bürgerin, Dorothea Axt, den Brand zuvor prophezeit. Sie wurde daraufhin auf Befehl des Consiliums für zwei Jahre eingesperrt, wenngleich ihr keine Brandstiftung nachzuweisen war.

Was die Regierungszeit Anna Amalias als milde und fortschrittlich adeln sollte, die Hebammenschule samt Accouchierhaus, hatte nur die

Unzufriedenheit der Bürger zur Folge gehabt. Einen Zusammenhang zum Brand wollte man jedoch in Weimarer Regierungskreisen nie sehen, im Gegenteil, man versuchte ihn zu vertuschen und gab Blitzschlag als Brandursache aus. Und tatsächlich war zwar das Residenzschloß Anna Amalias Wohn- und Regierungssitz, jedoch war sie in den Auseinandersetzungen um die Hebammenschule von den Bürgern nie als Verantwortliche gesehen worden. Doch erhoben sich Gerüchte, die teils sogar in lokalen Zeitung kolportiert wurden, das Schloß sei »durch ein angelegtes Feuer abgebrannt«.[8]

Was sollte nun mit der Brandruine des Schlosses geschehen angesichts immer noch leerer Kassen in Weimar? Und wo sollte der junge Herzog leben?

Carl August entschied sich gegen einen sofortigen Wiederaufbau des Schlosses und für das Landschaftshaus, auch später Fürstenhaus genannt, als Wohnsitz, den einzigen Neubau fürstlicher Provenienz aus der Regierungszeit Anna Amalias, in direkter Sichtachse zum Schloß.

Anna Amalia setzte nicht nur wesentliche kulturelle Akzente. Sie veranlaßte auch beträchtliche Eingriffe zur Verschönerung und Modernisierung Weimars:

Die Stadt, die sich aus dem Mittelalter und rund um die Burg entwickelt hatte, besaß noch immer einen regulären Stadtgraben und vier abends zu verschließende Stadttore, ein Zustand, der einer Ausweitung der Stadtbebauung im Wege stand.

Das innere Frauentor, wenige Meter vom Marktplatz entfernt am Eingang zur Schillerstraße, wurde bereits 1757 abgebrochen. Noch im selben Jahr ließ die Herzogin die Rehmenteiche zuschütten, auf denen sich heute die Schillerstraße befindet. Zunächst war dieser hinzugewonnene Raum als eine Promenade gedacht, an beiden Seiten mit Gittern zu verschließen; sie war den »Herrschaften« Weimars vorbehalten. Später dann erfolgte die Bebauung der damaligen »Esplanade« mit Wohnhäusern, so entstand dort auch Schillers späteres Haus. 1758 wurde ein Stadtturm am Erfurter Tor abgerissen, 1759 das innere Kegeltor. Der Hygiene diente die Überwölbung der zahlreichen Abwasserkanäle

1767, die bis dahin noch immer offen durch die Stadt geflossen waren. Auch ließ Anna Amalia den Karlsplatz (den heutigen Goetheplatz) anlegen, indem sie ein weiteres Stück Stadtgraben am Erfurter Tor zuschütten ließ, und 1769 installierte sie ein »Laternen-Institut«, machte also die nächtliche Beleuchtung, die bis dahin eine private Angelegenheit war, zur öffentlichen Aufgabe, für die die Bevölkerung je nach Einkommen eine Abgabe zu zahlen hatte. Und schließlich ließ sie, 1771, alle innerhalb der Stadtmauer liegenden Scheunen abreißen. Insgesamt waren dies Maßnahmen, die der Stadt zugute kamen, und sie wurden auch allgemein anerkannt.

Der Kaiserliche Gesandte in Weimar, Montmartin, hatte jedenfalls 1773 ein sehr günstiges Urteil über Anna Amalia an den Reichsvizekanzler in Wien übermittelt, er bezeichnete sie als » … eine sehr kluge, mit vielen Talenten begabte Fürstin, die ihre Obervormundschaft zum Besten ihres Sohnes und dessen Lande mit ungemeiner Klugheit und Ökonomie geführt habe …, sehr vortreffliche Einrichtungen mache und sich die allgemeine Wohlfahrt sorgfältig und rühmlich angelegen sein lasse …«[9]

# ANNA AMALIAS WEIMARER BIBLIOTHEK

Schon lange vor dem Schloßbrand, nämlich bereits im Jahr 1760, entwickelte Anna Amalia den Plan, die fürstliche Bibliothek – die mittlerweile etwa 30 000 Bände umfaßte – aus der Wilhelmsburg auszulagern. Sie war bislang in drei Räumen im Ostflügel untergebracht, im ehemaligen Speisesaal und den beiden angrenzenden Zimmern. Ausgangspunkt dieser Überlegungen war für die Herzogin wohl in erster Linie der Wunsch, den Bereich ihrer Wohnräume zu erweitern, doch ihre Berater unterstützten die Idee der Auslagerung der Bücher auch deshalb, weil die Räumlichkeiten der Bibliothek in vielen Aspekten nicht mehr den inzwischen für eine derartige Sammlung üblichen Standards entsprach. Neben dem Platzmangel – es kamen ja immer wieder neue Bücher dazu – waren die Bücher weder systematisch aufgestellt, noch waren sie katalogisiert, so daß sie nur der Bibliothekar wiederfinden konnte. Auch wurden die Bestände lediglich von Angehörigen des Hofs konsultiert oder ausgeliehen, obwohl die öffentliche Nutzung bereits unter Herzog Wilhelm Ernst (1662-1728) erlaubt war. Nicht zuletzt sollte die Bibliothek künftig auch der Repräsentation dienen, und dazu fehlte ihr vor allem ein prächtiger Saal mit Schaustücken, Gemälden und Büsten. Auch an anderen Orten waren im deutschen Kulturraum im ausgehenden 17., besonders aber im 18. Jahrhundert Bibliotheksbauten errichtet worden, diese Beispiele mögen vorbildhaft gewirkt haben.[1]

Anna Amalia war der Ausbau der fürstlichen Buchsammlung wichtig, so wichtig, daß der jährliche Bücherankaufsetat von 400 Reichstalern aufgrund ihrer »Sonderwünsche« regelmäßig überzogen wurde, um durchschnittlich 100 Taler pro Jahr.

Daß die Bibliothek dennoch nicht in einen Neubau, sondern, wie es im armen Weimar öfter geschah, in ein bereits vorhandenes Gebäude, das Grüne Schlößchen, ein damals etwa 200 Jahre alter Renaissance-Bau, einziehen könnte, war keine Idee der Herzogin, sondern ein Vorschlag der Herzoglichen Kammer, die so argumentierte:

»Bei dieser Gelegenheit, da die Bibliothek wirklich zum Lustre des alhiesigen Fürstlichen Hause ist, und seither nicht ganz gut gestanden, (…) erfordert somehr die Notwendigkeit selbige von dem bisherigen Orte weg an einen anderen genugsam vorher dazu aptierten Platz zu bringen, daß fürder man dann darüber mit dem Geheimen Rat Greiner Überlegungen gepflogen, daß sich dazu das sogenannte grüne oder Französische Schlößchen nicht allein zu Aufstellung derer (all)bereits-vorrätigen Fürstlichen Bücher, sondern auch vor die von Zeit zu Zeit noch anzuschaffenden genugsamer Raum vorhanden.«[2]

Mit anderen Worten: Die Bibliothek wurde von den Beratern Anna Amalias nicht in erster Linie als Quelle der Gelehrsamkeit gesehen, sondern als »Schauplatz« des »lustre« oder »decorum« des kleinen Fürstentums. Diese Auffassung entspricht dem Lebensgefühl des Barock, in dem Bücher über ihre Inhalte hinaus ein wertvoller Besitz waren und, Gemälden oder anderen Kunstwerken gleich, in einem prunkenden »Büchersaal« präsentiert wurden. Die Weimarer Bibliothek war bereits unter Herzog Wilhelm Ernst eine der größeren Bibliotheken Deutschlands, wenngleich sie nicht die Ausmaße und den Wert der Wolfenbütteler Bibliothek erreichte. Hier ein kurzer Abriß ihrer Geschichte:

In die 1630er Jahre ist eine erste fürstliche Bibliothek in Weimar zu datieren, doch ist diese Anfangsphase von fortwährenden Verlusten durch Erbteilungen und ständige Umzüge der Bibliothek gekennzeichnet.[3] Erst Herzog Wilhelm Ernst (1662-1728) verhalf der Bibliothek wirklich zu Bedeutung, nicht zuletzt auch durch die Öffnung für nicht dem Hof angehörende Leser. Diese Öffnung hatte denselben politischen Hintergrund wie ihre Verlagerung in das Grüne Schlößchen: Dadurch konnte ein wirtschaftlich unbedeutender Staat seine kulturelle Potenz zeigen und sich aufwerten. Wilhelm Ernst veranlaßte daneben zahlreiche weitere, in gleicher Weise zu interpretierende Maßnahmen.[4]

Bibliothekar war in dieser Zeit zunächst Konrad Samuel Schurzfleisch, dann sein Bruder Heinrich Leonhard Schurzfleisch, der den Herzog »Musageta noster«, unseren Musenführer, nannte; die Bezeichnung »Musenhof« für Anna Amalias Wirkungsstätte klingt hier schon an.

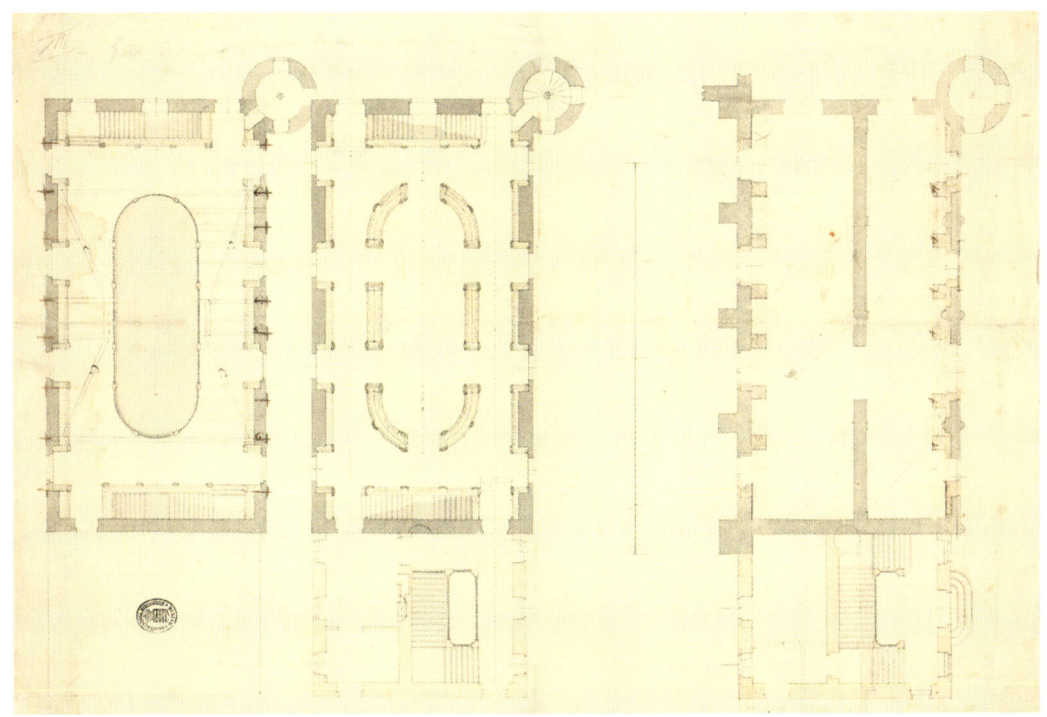

*Entwurf zum Umbau des Grünen Schlosses als Bibliothek von J. G. Schmidt (1760): Erdgeschoß, 1. Obergeschoß, 2. Obergeschoß (von rechts nach links). Linke Seite: Der Entwurf mit Westansicht und Längsschnitt des Grünen Schlosses.*

Im Jahr 1722 zählte die herzogliche Bibliothek 18 000 Bände. Der Bibliothekar Johann Matthias Gesner begann eine Katalogisierung, die jedoch nicht vollständig gelang. Nach Gesners Entlassung gab es für 20 Jahre weder einen festen Bibliotheksetat noch qualifizierte Bibliothekare. Es war die Zeit der Regierung Herzog Ernst Augusts, des Neffen Wilhelm Ernsts und Vaters von Ernst August II. Constantin.

Wenige Jahre vor der obervormundschaftlichen Regierung Anna Amalias, 1749, wurde erstmals in Weimar eine Oberaufsichtskommission für die Bibliothek eingesetzt, ein Jahr später wurden die Brüder Bartholomaei als Bibliothekare installiert. Sie setzten das Katalogisierungsprojekt fort und konnten ab sofort mit einem festen Ankaufsetat von 300 Talern pro Jahr für den Erwerb allerdings nicht nur von Büchern, sondern dazu von Münzen, Bildern, Kunst- und Naturalien, auch Waffen und Musikalien kalkulieren. Die Bücher blieben immer noch Teil der repräsentativen fürstlichen Schausammlung.

In seiner kurzen Regierungszeit entschied Ernst August II. Constantin dann, den Ankaufsetat für die Bibliothek von 300 auf 400 Taler zu erhöhen, um gezielte Neuanschaffungen tätigen zu können. Den Kunstkammerabteilungen wies er jetzt gesondert 300 Taler im Jahr zu. Diese Maßnahme und vor allem auch die Überführung der Bibliothek in ein eigenes Gebäude unter Anna Amalia zeigen den veränderten Status, den die aufgeklärte Fürstin ihrer Bibliothek zumaß: Die Bibliothek sollte nicht mehr nur »Schaustück«, sondern ein Ort der Bildung sein. In ihrer Ausgestaltung sollte sich das Gedankengut der Aufklärung manifestieren.

Die Herzogin reagierte prompt, als die herzogliche Kammer ihr die Genehmigung für den Umbau des Renaissanceschlößchens zur Unterschrift vorlegte – wahrscheinlich flossen auch ihre Wolfenbütteler Erfahrungen mit einem selbständigen Bibliotheksgebäude in ihre Entscheidung ein.[5]

Ist es ungewöhnlich, daß die Herzogin selbst die Baupläne für den Umbau und den Kostenvoranschlag sehen und prüfen wollte? Das Interesse eines Regenten wäre normal gewesen, einer Frau jedoch gestand man nicht unbedingt Verständnis für architektonische Pläne zu. Zwei Bauentwürfe wurden alsbald erstellt, der erste von dem Architekten Johann Georg Schmidt, der zweite vom Landesbaumeister August Friedrich Straßburger, der den Schmidtschen Entwurf zugrunde legte und überarbeitete.[6] Die Herzogin entschied sich für den Entwurf Straßburgers. Zentrum der Bibliothek wurde ein Schausaal über zwei Galerien, dessen Anmutung jedoch schon wenige Jahrzehnte später nicht mehr dem ursprünglichen Konzept entsprach. 1760 stand das französische Schlößchen nämlich ganz und gar frei, so daß der Raumeindruck innerhalb des auf allen Seiten durch Fenster erhellten Saals ein ganz anderer war als heute, wo sowohl im Norden (nach Plänen von Clemens Wenzeslaus Coudray, 1849) wie im Süden (durch Heinrich Gentz, 1803-1805) spätere Anbauten die Fenster verschlossen haben. Damals jedoch durchflutete Licht den Raum und symbolisierte das Ideal der »Aufklärung«, des »siècle des lumières«. Der Eindruck wurde verstärkt durch die damalige – und jetzt rekonstruierte – Fassung der Einbauten in hellblauer Farbe: Man mußte sich wie in einem Himmelsraum fühlen, luftig und frei für geistige und ästhetische Eindrücke.

Im Unterschied zum früheren Bibliothekstypus, dem Lesesaal, gab es in Weimar keine Lesepulte, statt dessen wurde eine kunstvolle Verbindung von Architektur, Malerei, Regalen und Schränken erreicht.[7]

Als Saalbibliothek kann natürlich auch die Bibliotheksrotunde der Herzog August Bibliothek in Wolfenbüttel bezeichnet werden; die Grundrisse der beiden Bibliotheken ähneln einander.

Betritt der Besucher heute den als »Rokokosaal« bezeichneten Bibliothekssaal, so passiert er das in den Raum gestellte Stirnregal wie eine »Chorschranke« und gelangt in den ovalen Binnenraum, der ihm als ein Hort des Friedens erscheint. (Zu Anna Amalias Zeiten allerdings betrat der Besucher den Saal von der gegenüberliegenden Seite, damals war der Eingang nämlich an der Nordseite des Gebäudes.) Dieses innere Oval verschleiert, daß der Raum in Wahrheit rein rechteckig ist. Dies ist,

*Herzogliche Bibliothek und Schloß in Weimar auf einem anonymen Aquarell um 1770.*

neben der ursprünglichen Helligkeit, das zweite Geheimnis der Bibliothek: Bei eigentlich »armen« Mitteln, Holz, Stuck, Farbe und Bronzierung, wird über die Form, das Oval, das einen sakralen Eindruck vermittelt, eine Atmosphäre der Kostbarkeit geschaffen. Und ein dritter Kunstgriff verblüfft: Die Höhe des dreigeschossigen Raumes wird durch den Einbau einer das oberste Stockwerk fast abschließenden Decke so gemildert, daß man glaubt, in einem »intimen«, wesentlich niedrigeren Raum zu sein. Im zentrierten Deckenausschnitt erblickte man seit der Mitte des 19. Jahrhunderts das Gemälde *Der Genius des Ruhms* von Johann Heinrich Meyer nach Annibale Carracci, das ursprünglich und bis 1805 im Römischen Haus im Ilmpark hing.[8]

Gebrochenes Weiß und Goldbronze waren zuletzt und bis vor dem Brand die bestimmenden Farben der Weimarer Rokokobibliothek mit ihren schönen Rocaille-Stuckornamenten, weiß und goldbronziert waren die Regale, Decken, die beiden Galerien und die Holzverkleidungen.

*Ansicht der Herzog-
lichen Bibliothek auf
einem Stahlstich von
A. Glaeser, um 1830.*

Durch eine hinter der Stirnwand verborgene Treppe konnten die Galerien erschlossen werden.

Innerhalb des Ovals treten die zahlreichen Säulen mit den Büsten der
berühmten Weimarer Persönlichkeiten in den Blick: Es finden sich bedeutende Büsten Goethes (von Trippel, von Klauer und David d'Angers),
die Schiller-Büste Danneckers, die Herder-Büsten von Trippel und
Klauer, die Wieland-Büsten von Schadow und Kaufmann, die Büsten
Anna Amalias von Klauer und Weißer. Unter den Bildern war bis vor
kurzem noch das berühmte Aquarell von Georg Melchior Kraus,
*Die Tafelrunde bei Anna Amalia* (heute im Depot), des weiteren finden
sich Schmellers Gemälde *Goethe in seinem Arbeitszimmer, dem Schrei-
ber John diktierend*, Tischbeins Schiller-Bildnis und die Kreidezeich-
nung *Schiller auf dem Totenbett* von Ferdinand Jagemann, dessen Gemälde von Carl August der Blickfang ist. Der Betrachter befindet sich
mit einemmal in einem Pantheon deutscher Kultur- und Geistesge-
schichte, als dessen Zentrum Weimar und genauer noch die Weimarer
Bibliothek anzusehen sind: hier haben alle Dargestellten gearbeitet und
gelesen, hier stehen ihre Werke.

Zugleich mit den Büchern zogen die Porträts der sächsischen Herrscher mit in die Bibliothek ein. Beim Brand des Residenzschlosses 1774
waren zahlreiche Kunstschätze, seien es solche aus der Kunstkammer,
also Kuriositäten, aber auch Gemälde, vor den Flammen gerettet wor-

den, die nun in Ermangelung eines anderen Ortes ebenfalls in das Grüne Schlößchen verbracht wurden und dort immer neue Aufstellungen erfuhren, so daß sich die Schaubibliothek zum Bibliotheksmuseum entwickelte.[9]

*Die Herzogin Anna Amalia Bibliothek vor dem Brand im September 2004.*

Das Jahr 1781 gilt als dasjenige, in welchem die ersten der erwähnten Porträtbüsten lebender Persönlichkeiten in das Oval der Bibliothek einzogen (die Herrscherporträts fanden nun an den Wänden des das Oval umgebenden rechteckigen Außenraums ihren Platz). Carl August, Anna Amalias Sohn, regierte seit sechs Jahren, und auch Goethe, dem 1797 die Oberaufsicht über die Bibliothek übertragen werden sollte, lebte schon lange als berühmter Dichter in Weimar.

Die Ausgestaltung der Weimarer Bibliothek mit (klassizistischen) Bildnissen, die zeitgenössische Persönlichkeiten des Hofes wie des gelehrten Bürgertums darstellen, die die Bibliothek auch benutzten, war neuartig und kennzeichnete ein fortschrittliches Bibliothekskonzept. Es sollte besagen, daß in Weimar keine Berührungsangst mehr zwischen

61

*Der Rokokosaal der Herzogin Anna Amalia Bibliothek vor dem Brand.*

*»Der Genius des Ruhms« von Johann Heinrich Meyer nach Annibale Carracci
vor seiner Zerstörung durch den Brand.*

*Porträt Herzog Carl Augusts von Sachsen-Weimar und Eisenach von Ferdinand Christoph Jagemann, 1791, im Rokokosaal der Herzogin Anna Amalia Bibliothek.*

*Detailansicht des Rokokosaals vor dem Brand.*

*Der Bücherturm der Herzogin Anna Amalia Bibliothek mit der berühmten, aus einem einzigen Stamm gefertigten Treppenspindel aus der Osterburg in Weida, Thüringen.*

Bürgertum und Adel bestehe, es ein Ort sei, wo die Gelehrten noch zu Lebzeiten am Ort ihrer Forschungen gewürdigt würden.[10]

Anna Amalias Entscheidung, die Bücher 1766 in das Grüne Schloß zu verlagern, war im übrigen segensreich, denn der Brand im Residenzschloß von 1774 hätte die fürstliche Bibliothek weitgehend zerstört.

In der um 1781 entstandenen Verbindung von Büchern, Architektur, Büsten und Gemälden präsentierte sich die Herzogin Anna Amalia Bibliothek bis zum 2. September 2004, als ein Brand den berühmten Rokokosaal und 50 000 Bücher zerstörte, zum Teil unersetzliche Manuskripte und Notenhandschriften aus dem Besitz Anna Amalias.

Fast ein Viertel der nahezu eine Million umfassenden Bestände der HAAB stammten aus der Zeit vor 1850, gerade diese alten Bestände wurden bei dem Brand betroffen, auch natürlich solche Bücher, die zu Anna Amalias Lebzeiten als ihre persönliche Büchersammlung zuerst im Residenzschloß, später im Wittumspalais aufbewahrt wurden.

Diese persönliche Büchersammlung war, ebenso wie schon die ihrer Mutter, sehr reichhaltig. Unbekannt ist, ob Anna Amalia ihre Bibliothek erst nach ihrer Eheschließung oder schon in Wolfenbüttel/ Braunschweig aufzubauen begann, doch spätestens mit ihrer Verheiratung sammelte sie Bücher.[11] Der von dem Bibliothekar Christian Joseph Jagemann handgeschriebene »Catalogue raisonné«[12] dieser Bücher aus dem Jahr 1776 verzeichnet 1762 Titel in französischer Sprache und liefert zu vielen davon einen knappen literaturkritischen Eintrag. Schon der zweite Band des Katalogs, der den Zuwachs nach 1776 verzeichnen sollte, nahm nicht mehr alle Neuerwerbungen auf, wie ein Vergleich mit den Schatullrechnungen Anna Amalias ergab.[13] Daher kann man nur von einem vermuteten Umfang der persönlichen Bibliothek Anna Amalias ausgehen. Man schätzt 2000 Titel oder 5000 Bände. Somit kann Anna Amalias persönliche Bibliothek im Vergleich zu denen anderer

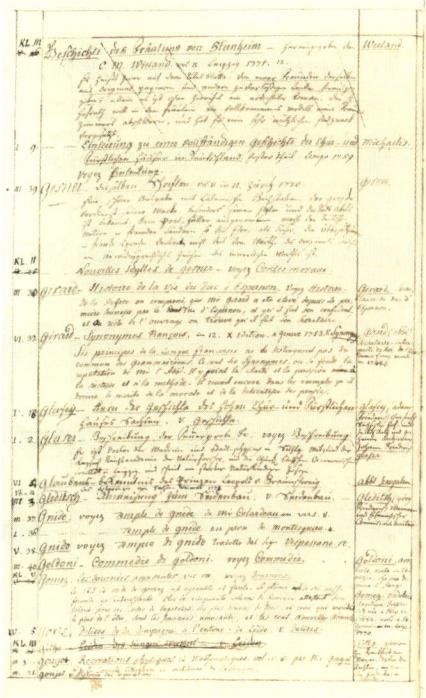

*Der Katalog der privaten Büchersammlung Anna Amalias (Catalogue raisonné) aus dem Jahr 1776.*

*Der Rokokosaal der Herzogin Anna Amalia Bibliothek nach dem Brand
im September 2004.*

protestantischer Fürstinnen in Deutschland – die damals das größere Interesse an Büchern hatten als die katholischen – als Bibliothek von ansehnlicher Größe gelten. Ihr besonderes Interesse an Literatur zeigt sich aber auch daran, daß zahlreiche Bücher in unterschiedlichen Ausgaben und verschiedenen Sprachen vorhanden sind, was nicht nur für ein bibliophiles Interesse der Sammlerin spricht, sondern auch ihre Sprachkenntnisse belegt.[14]

Anna Amalia gab einen Teil ihrer persönlichen Bibliothek bereits am 4. August 1774, also nach dem Brand und ihrem Umzug in das Wittumspalais, an die Herzogliche Bibliothek ab. Ob dies mit fehlendem Platz für die Bücher im neuen Domizil zusammenhing[15] oder ob die Herzoginmutter mit dieser Geste wiederum »Bibliothekspolitik« betrieb, kann nicht mehr entschieden werden. Fest steht: Mit dem Tage ihres Todes am 10. April 1807 erließ ihr Sohn Carl August ein Dekret, wonach alle persönlichen Bücher seiner Mutter sowie all ihre anderen Sammlungen in die Bibliothek eingehen sollten.

Anna Amalia wandte zeit ihres Lebens zum Erwerb von »privaten« Büchern aus ihrer eigenen Schatulle pro Jahr durchschnittlich 380 Reichstaler auf, das waren etwa 2 Prozent ihres Jahresbudgets. Erworben wurden die Bücher außer in Weimar selbst in Leipzig und Frankfurt am Main, den Buchstädten, aber auch, gerade was französischsprachige Literatur anging, in Straßburg. Sowohl ihr Bibliothekar Jagemann und der Weimarer Unternehmer und Verleger Friedrich Justin Bertuch als auch ihre Hofbeamten Freiherr von Fritsch und Freiherr von Einsiedel halfen der Herzogin bei Buchbestellungen.

Während der vormundschaftlichen Regierung wurden Bücher fast ausschließlich in französischer Sprache erworben. Dies war noch immer die Sprache, die am Hofe gesprochen wurde. Manch einer behauptete gar, daß Anna Amalia, als sie nach Weimar kam, nur unvollkommen Deutsch sprach.[16] Ab 1776 erfolgte diesbezüglich ein Umschwung in Weimar, der vermutlich auch mit Goethes wachsendem Einfluß erklärt werden kann: Die Herzogin wandte sich immer entschiedener der deutschen Sprache zu und kaufte deutlich mehr deutschsprachige Bücher als zuvor. In den 80er Jahren wurden hingegen extrem viele Bücher

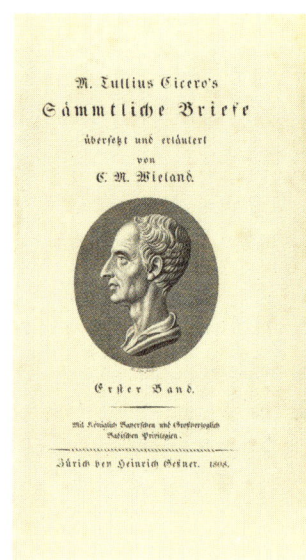
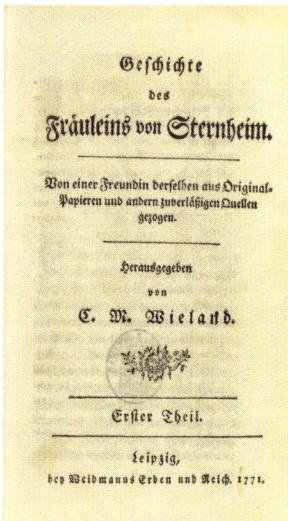
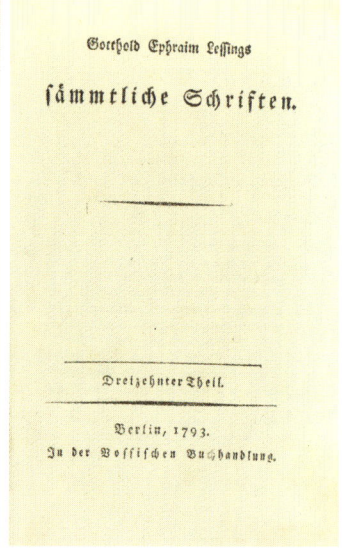

in italienischer Sprache und solche über Italien in deutscher und französischer Sprache erworben. Der Grund: Anna Amalia plante eine Italienreise, die sie gründlich vorbereitete. In dieser Gruppe nehmen Bücher über die römische, etruskische und griechische Antike in Italien einen ganz besonderen Platz ein.

Im Mansardgeschoß des Wittumspalais finden sich heute noch die – allerdings leeren – Bücherschränke Anna Amalias. Welche Titel standen damals hier? Bis heute lassen sich die Bände leicht an dem Supralibros der Herzogin, den beiden ineinander verschlungenen Initialen, erkennen. Ein damaliger Betrachter wäre mit Sicherheit auf Johann Adam Hillers in rotes Leder eingebundene *Anweisung zum musikalisch-zierlichen Gesange* von 1780 mit der Widmung des Autors für Anna Amalia gestoßen. Der Leipziger Komponist und Gesangslehrer hatte sich darüber gefreut, daß seine ehemalige Schülerin Corona Schröter in Weimar Hofsängerin geworden war, aber, dies bringt er in seiner Widmung ebenfalls zum Ausdruck, er schätzte auch in Anna Amalia selbst eine sowohl musiktheoretisch gebildete wie auf hohem Niveau praktizierende Musikerin. Natürlich beherbergten die Bücherschränke auch sämtliche Werke Wielands, angefangen mit seinem *Goldenen Spiegel* von 1772. Seine ein Jahr vor ihrem Tod, 1806, begonnene Übersetzung der *Cicero-*

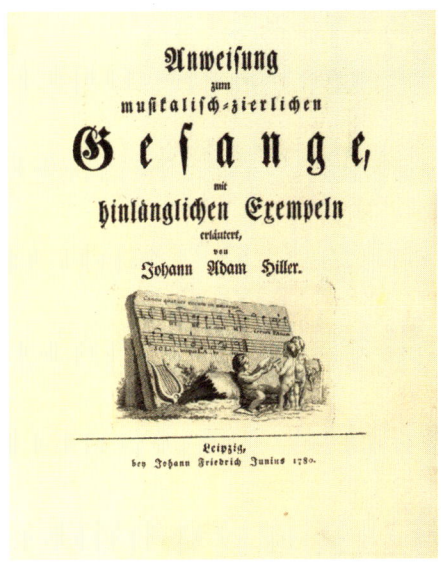
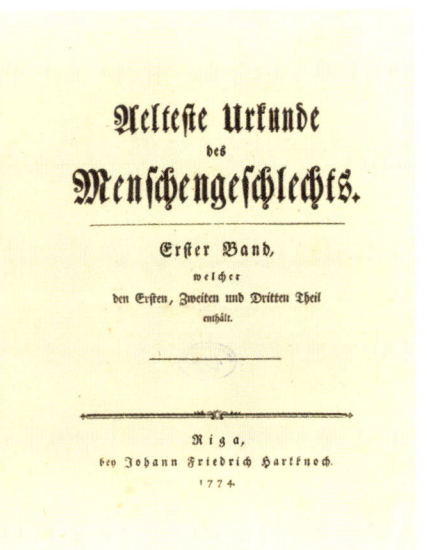

*Einige Bände aus Anna Amalias Bücherschrank: Marcus Tullius Cicero, Sämtliche Briefe. Sophie von La Roche, Geschichte des Fräuleins von Sternheim. Gotthold Ephraim Lessing, Einige Beiträge zur Geschichte und Litteratur aus der Wolfenbüttelschen Bibliothek. Johann Adam Hiller, Anweisung zum musikalisch-zierlichen Gesang. Johann Gottfried Herder, Aelteste Urkunde des Menschengeschlechts.*

*Briefe* verfolgte sie zwar noch, ihre Herausgabe erlebte sie jedoch nicht mehr. Die Betrachtung dieser Privatbibliothek wäre ein Gang durch die bedeutendste Epoche der deutschen Literaturgeschichte gewesen. Der Bücherfreund hätte etwa behutsam über die goldene Rückenprägung der zwei braunen Lederbände der *Geschichte des Fräuleins von Sternheim* der Sophie von La Roche streichen können. Die einst mit Wieland Verlobte hatte 1771 als erste deutsche Frau anonym einen Roman verfaßt, den Wieland für sie herausgab. Das Buch wurde ein Bestseller. Anna Amalia war die Autorin selbstverständlich bekannt. Und weiter hätte der Blick des Bücherfreundes die vier Bände von Lavaters *Physiognomischen Fragmenten zur Beförderung der Menschenkenntniß und Menschenliebe* getroffen, kein Verkaufserfolg, da sich nur wohlhabende Subskribenten wie die Herzogin das teure Werk leisten konnten. Und wieder hätte er einen interessanten Fund machen können: *Einige Bei-*

träge zur Geschichte und Literatur aus der Wolfenbüttelischen Bibliothek. Der Verfasser: Gotthold Ephraim Lessing, Bibliothekar in Anna Amalias Geburtsstadt. Dann hätte der Besucher eine große Abteilung von Bänden erblickt, die Werke Herders, der ein wichtiger Freund und Berater der Herzogin war. Schließlich wäre sein Auge auf ein französisches Buch gefallen, erschienen 1780: *De la littérature Allemande*. Verfasser: Friedrich II., Anna Amalias Onkel. Eine pauschale Kritik an der deutschen Literatur seiner Zeit. Wie mag die Nichte die Nichterwähnung Schillers, Herders und Wielands und die kleine abfällige Bemerkung gegen Goethes *Götz von Berlichingen* aufgenommen haben? War sie getroffen oder gestand sie dem königlichen Onkel einfach »Narrenfreiheit« zu? Vermutlich war sie so frei, jeder Sprache und jeder Literatur ein Eigenleben zuzugestehen und keiner ein Primat einräumen zu wollen.

Hätte der damalige Bibliotheksbesucher die Gattungen innerhalb der persönlichen Büchersammlung Anna Amalias untersucht, so wäre ihm aufgefallen, daß sie die persönlich vermittelte Geschichtsschreibung, also Memoirenliteratur, Autobiographien, Briefsammlungen und Reiseberichte dem trockenen Geschichtswerk vorzog. In der schönen Literatur sammelte sie in erster Linie Dramen, wenngleich auch hier die wichtigen französischen Romane vorhanden waren. Vielfach kaufte die Herzogin Werke wegen der schönen Kupferstiche in den Bänden. Schließlich fallen gewisse »Grenzüberschreitungen« auf, für Fürstinnen ihrer Zeit untypische Häufungen philosophischer und medizinischer Werke, Literatur von Frauen und über Frauen und schließlich auch Werke der erotischen Literatur.[17]

Ihr Interesse an der »Frauenliteratur« ihrer Zeit läßt an den Rollenkonflikt denken, unter dem sie selbst zu leiden hatte: Einerseits wurde sie als Frau und Stellvertreterin ihres Sohnes nicht so ernstgenommen, wie sie das gewünscht hätte, andererseits mußte sie die Rolle der Regentin ausfüllen, und zwar so gut wie möglich. Dieser für sie unlösbare Konflikt weckte sicherlich auch ihr Interesse an weiblichen Lebensentwürfen, die in ihrer Zeit aufkamen. Sie rezipierte solche Texte – von

DE
**LA LITTERATURE ALLEMANDE;**
DES DEFAUTS
QU'ON PEUT LUI REPROCHER;
QUELLES EN SONT LES CAUSES;
ET
PAR QUELS MOYENS ON PEUT
LES CORRIGER.

A BERLIN,
chez G. J. DECKER, Imprimeur du Roi.
1780.

*Friedrich II. König von Preußen, De la littérature allemande.*

Sophie von La Roche über Sophie Mereau bis zu Madame de Staël – und diskutierte mit den Autorinnen.

Die großen Kostbarkeiten der Herzogin Anna Amalia Bibliothek stammen meist nicht aus der persönlichen Bibliothek der Herzogin, doch gibt es Ausnahmen: Die in Weimar aufbewahrte Teilsammlung der Gottschedschen Dramensammlung ist möglicherweise von Anna Amalia erworben worden.[18] Ein weiteres Werk verdankt sein Vorhandensein in der Bibliothek mit Sicherheit ihr: Es handelt sich um das prächtige vierbändige Opus magnum über die etruskischen, griechischen und römischen Vasen aus der Sammlung William Hamiltons, des englischen Botschafters in Neapel.[19] Winckelmann hatte es hoch gelobt, auch wegen seiner insgesamt 468 Kupfertafeln, und es durfte im antikenbegeisterten Weimar nicht fehlen. Wirklich gelangte es am 11. Mai 1780 als Anna Amalia gewidmetes Geschenk nach Weimar. Es könnte sein, daß Anna Amalia vom Bibliothekar Lessing bereits 1771 anläßlich ihres Besuchs in Wolfenbüttel und Braunschweig ein Exemplar des ersten Bandes vorgelegt wurde.[20] Daß Goethe seinerseits an allen Veröffentlichungen über die Antike, speziell solcher, die durch Winckelmanns Urteil »geadelt« worden waren, höchstes Interesse hatte, versteht sich von selbst.[21]

Ein besonderes Kapitel in der Geschichte der persönlichen Bibliothek Anna Amalias sind die in Italien erworbenen Bücher, Musikalien und Kunstschätze, über die noch berichtet werden wird.

*Supralibro mit dem Monogramm Anna Amalias.*

# JAHRE ZWISCHEN PFLICHT
## UND NEIGUNG

### 1758-1780

Das Jahr der Regierungsübernahme durch Carl August, 1775, könnte aus heutiger Sicht als Jahr von Anna Amalias Rückzug als Staatsperson in die Privatsphäre gesehen werden. Ab sofort sollte der Herzog beweisen, daß er regierungsfähig war. Anna Amalia mußte nun ihr Erziehungswerk begutachten lassen, das jedoch, wie wir wissen, keineswegs nur von ihr alleine abhing. Erneut eine schwierige Situation, die die Rollenproblematik der Herzogin verdeutlicht: Anders als in normalen Familien hatte sie als »alleinerziehende Mutter« ja keineswegs einsame Erziehungsentscheidungen getroffen. In ihrem autobiographischen Rückblick beschreibt sie im Alter von 33 Jahren die Erfahrungen der Mutterschaft als zentral für ihre Entwicklung:

»Im siebzehnten Jahr wurde ich zum ersten Mal Mutter. Könnte ich Ihnen beschreiben das Gefühl, welches ich bekam, als ich Mutter wurde! Es war die erste und reinste Freude, die ich in meinem Leben hatte. Mir war, als wenn ich auch von verschiedenen andern neuen Empfindungen entbunden worden. Mein Herz wurde leichter, meine Ideen wurden klarer; ich bekam mehr Zutrauen zu mir selber.«[1]

Die wesentlichen Grundpfeiler der Erziehung der Prinzen hatte allerdings nicht sie selbst, sondern bereits das Testament ihres Mannes definiert. Hier hieß es etwa, daß die Erzieher »für deren Prinzen Gesundheit, gute Erziehung, Wachsthum im Christentum, Wissenschaften, anständigen Leibes-Uebungen, und allen Christfürstlichen Tugenden, unter des Hofmeisters Direction, und unserer Gemahlin Lbd., mit Zuziehung des Geheimen Consilii, Oberaufsicht mit zu sorgen«[2] hätten. Somit mußten in problematischen Erziehungssituationen immer Kabinettsentscheidungen in Abstimmung mit Anna Amalia und dem Hofmeister getroffen werden.

In den ersten Lebensjahren hatten Kammerfrauen die Prinzen im Auftrag der Mutter umsorgt, ab 1759 war Charlotte von Quernheim als

Oberaufseherin in die Kinderstube der Prinzen eingezogen. Sie hatte Anna Amalia vertreten, die regelmäßig für mehrere Wochen nach Eisenach reisen mußte, um auch dort ihre Regierungspflichten wahrzunehmen. Ab dem vierten Lebensjahr Carl Augusts sollte nun jedoch eine männliche Erziehungsperson die Ausbildung des jungen Carl August (und später auch die des Prinzen Constantin) leiten. Hier konnte Anna Amalia ihren Kandidaten für das Amt des Hofmeisters durchsetzen: Sie schlug am 4. Mai 1761 dem Geheimen Consilium den Grafen Johann Eustach von Schlitz genannt Görtz (1737-1821) vor, der sich bereits zwei Jahre zuvor für dieses Amt bei ihr beworben hatte. Zwar zählte er damals erst 24 Jahre, er zeichnete sich jedoch durch umfassende Kenntnisse, Auslandsaufenthalte zu Studienzwecken in Leyden, Straßburg und im Haag sowie durch seinen nie erlahmenden Wissensdrang aus – und er genoß Anna Amalias Vertrauen. Vielleicht gereichte es dem jungen Adligen auch zum Vorteil, daß er als junger Mann zwei Jahre lang an dem berühmten Collegium Carolinum in Braunschweig, einer Hochschule für Naturwissenschaften und bildende Künste und Gründung Carls I., studiert hatte. Anna Amalia, damals noch ein kleines Mädchen, und der junge Graf hatten sich also am elterlichen Hof kennengelernt.

Görtz wurde nach einigen Einwendungen des Consiliums zunächst zur Probe eingestellt. Sein Amtsbeginn war offiziell der 3. September 1761, der vierte Geburtstag Carl Augusts, doch wurde der Prinz auf Wunsch Anna Amalias dem neuen Hofmeister erst am 7. Mai 1762 »übergeben«, und dies hieß: aus dem Schloß entfernt und in seine eigene Hofhaltung nach Belvedere verbracht, die der (in Weimar) verheiratete Görtz mit dem Prinzen teilen mußte. Der jüngere Bruder Constantin blieb noch ein Jahr in den »Frauengemächern«, bevor auch er nach Belvedere übersiedelte. Eine frühe Trennung, die lediglich durch die erwähnte einmal am Tag gemeinsam eingenommene Mahlzeit gemildert wurde. Die Möglichkeiten, in die Erziehung der Prinzen einzugreifen, waren für die Herzogin also mehr als begrenzt.

Anders als Anna Amalia erhofft hatte, gestaltete sich ihre Beziehung zu Graf Görtz von Anfang an schwierig. Der Hofmeister fühlte sich in

*Portrait Christoph Martin Wielands von Ferdinand Christoph Jagemann. Öl auf Holz, 1805.*

seinen Bemühungen zum Teil unverstanden, ungewürdigt, nicht genug durch Anna Amalia unterstützt und zu wenig in die Entscheidungen einbezogen.[3]

Neben ihm, der im wesentlichen die Sitten der Prinzen verfeinern und die übrigen Lehrer kontrollieren sollte (er unterrichtete jedoch auch, ungebeten, Französisch), war es insbesondere der aus Braunschweig von Carl I. entsandte Johann Wilhelm Seidler (gest. 1777), Lehrer am dortigen Carolinum, der schon ab 1761, also vor Görtzens Amtsantritt, den Prinzen als Instruktor zugeordnet worden war. Dieser bewährte Lehrer unterrichtete Carl August, und ab 1764 auch Constantin, bis 1774, und zwar in Latein, Religion, Geographie, Mathematik, Physik, später auch im Naturrecht. Mit Johann Carl Albrecht (1736-1803) wurde ein weiterer Lehrer aus dem Braunschweiger Umfeld eingestellt. Ab 1765 unterrichtete er Literatur, später Statistik und allgemeine Poesie, Französisch, Universalgeschichte, Englisch und schließlich Physik. Insbesondere der in ihren Augen unvollkommene Französischunterricht durch den Grafen Görtz war Anna Amalia mit der Zeit ein Dorn im Auge. Schließlich unterband sie ihn in den Jahren vor der Regierungsübernahme und stellte mit Claude Dumanoir einen Muttersprachler ein.

Je älter seine beiden Schützlinge wurden, um so dringlicher bat Graf Görtz die Herzogin, für die letzten Jahre vor der Volljährigkeit einen neuen Lehrer zu suchen, der in Landesrecht und Landesgeschichte, Natur- und Völkerrecht versierte Kenntnisse aufzuweisen hätte, jenen Fächern also, die Carl August auf die Regierungsübernahme vorbereiten würden. Auch plädierte der Graf für eine längere Reise, um die fürstlichen Söhne weltläufig zu machen und auf Zeit aus der Atmosphäre eines allzu kleinen Hofes zu entfernen. Anna Amalia befürwortete diese Vorschläge prinzipiell und schrieb in dieser Sache sogar an ihren alten Lehrer, den Abt Jerusalem. Die Bitte, ihre Söhne auf eine solche Reise zu begleiten, lehnte dieser jedoch aus Altersgründen ab. Gemeinsam mit der Herzogin entwickelte Görtz schließlich den Plan, dem seit kurzem an der Erfurter Universität Philosophie lehrenden Schriftsteller Christoph Martin Wieland die Aufgaben des Unterrichts und der Charakterfestigung der Prinzen anzutragen. Für Wieland sprach wahrscheinlich ganz besonders sein Roman *Der goldene Spiegel*, ein Buch, das die Erziehung eines jungen Prinzen zum Thema hat. Erneut konnte Anna Amalia sich mit ihrem Kandidaten im Geheimen Consilium durchsetzen.

Die meisten Interventionen der Herzogin in Erziehungsangelegenheiten erfolgten jedoch in der Kleinkinderzeit von Carl August und Constantin: Die Mutter, die zahlreiche banale Vorfälle wie den Sturz eines Kindes von der Schaukel, die gesundheitlichen Unpäßlichkeiten der Söhne wie Husten oder Verdauungsprobleme nur von ferne wahrnahm, maßregelte immer wieder die unterschiedlichen Aufsichtspersonen. Mutterliebe, vielleicht gemischt mit Schuldgefühlen wegen vieler Abwesenheiten, war sicherlich einerseits das Motiv, aber vor allem auch die Verpflichtung, die Thronfolge sicherzustellen. Außerdem nahm am Schicksal der jungen Prinzen so gut wie jeder Landeseinwohner Anteil. So geschah es, daß zwei Weimarer Viertelsmeister sich beim Leibarzt der herzoglichen Familie, Johann Christoph Hufeland, beschwerten, als sie den Grafen Görtz mit dem fünf Jahre alten Carl August auf dem Spaziergang von Belvedere zum Residenzschloß antrafen, also auf einem sanft bergab führenden Weg von knapp vier Kilometern. Unverantwortlich ginge Görtz mit der Gesundheit des Erbprinzen um, urteilten die besorgten Viertelsmeister.[4] Diese Eingabe war kein Einzelfall, die Bürgerschaft, desgleichen Bürgermeister, Syndici, Geheimes Consilium, Landstände und Richter, ja sogar Mediziner der Universität Jena waren um das Prinzenwohl, also das Landesschicksal besorgt. Die Position des Grafen Görtz war hier besonders prekär, da er die unmittelbare Lebensweise der Prinzen bestimmte. Fragen der Ernährung der Kinder, die damals aktuelle Diskussion, ob man die mit menschlichen Erregern durchgeführte, bisweilen lebensgefährliche Komplikationen verursachende Blatterninokulation zum Schutze vor dieser Krankheit anberaumen sollte und wenn ja, in welchem Alter, ob eine Reise nach Eisenach für die Kinder zumutbar war oder nicht – all diese Themen waren öffentlich, und Anna Amalia mußte versuchen, sich immer im Einklang mit den allgemeinen Interessen zu verhalten. Erneut zeigte sich im Fall der umstrittenen Impfung die Verbundenheit mit der braunschweigischen Familie: Die sonst oft intervenierenden Landstände sowie auch die Ärzte in Weimar hatten sich mit Empfehlungen ganz zurückgehalten, und im Geheimen Consilium war das Thema dreimal ohne abschließendes Ergebnis diskutiert worden[5] – aus Unsicherheit wollte niemand die Verantwortung übernehmen. Anna Amalia bat daher brieflich Carl I. um Rat, der als vielfacher Vater postwendend empfahl, die Blatterninokulation bei Carl August durchzuführen, doch erst nach einem weiteren wichtigen Schritt hin zur Mündigkeit und zur Regentschaftsübernahme des Prinzen: nach seiner Konfirmation und versehen mit dem von ihm selbst erbetenen Segen Gottes für den Eingriff.[6] So geschah es, und da Carl August schnell gesundete, die Nachfolge auf dem Thron mithin gesichert schien, entschied man, die Prozedur bei Constantin schon vor dessen Konfirmation durchzuführen.

Während derartige Entscheidungen der Mutter in ihrer politischen Dimension für uns Heutige nur schwer nachvollziehbar sind, scheint die Tatsache, daß der junge Carl August sich im Jahr 1773, Wieland war inzwischen sein Erzieher geworden und genoß das Vertrauen Carl Augusts, stark von den Positionen der Mutter entfernte und ihre Kritik nicht mehr rückhaltlos akzeptierte, wesentlich natürlicher zu sein – ein notwendiger Abnabelungsprozeß in der Pubertät. Für Anna Amalia hingegen war dieser Vorgang äußerst schmerzlich, schmerzlicher sicherlich als für eine Fürstin, die nie in der Regierungsverantwortung gestanden hatte: Sie fühlte sich selbst, insbesondere aber ihre Erziehung und ihre Kompetenz durch den 16 Jahre alten Sohn in Frage gestellt. Der warf ihr etwa vor, daß sie seinen besten Freunden mißtraue – Wieland und Graf Görtz, beide immerhin von der Mutter berufen. In der Tat hatte Anna Amalia nicht zu Unrecht das Gefühl, daß die Erzieher ihr den Sohn entfremdeten. In dieser Situation riet Minister von Fritsch Anna Amalia, den Erbprinzen vorzeitig, mit 17 Jahren, in das Geheime Consilium einzuführen und ihm die Kunst des Regierens am eigenen Beispiel zu demonstrieren. Der Prinz würde diesen Vertrauensbeweis sicherlich zu schätzen wissen und erkennen, welch schwere Lasten seine Mutter für ihn nun seit Jahren übernommen hatte.

*Anna Amalia und ihre Söhne. Ölgemälde von Anna Rosina de Gasc, 1773/74.*

Anna Amalia entsprach diesem Vorschlag: Am 26. Oktober 1774 wurde Carl August offiziell in das Geheime Consilium eingeführt. Nur wenige Monate später jedoch, im Dezember 1774, brach er gemeinsam mit seinem Bruder für sieben Monate auf die lange verschobene Kavaliertour auf.

Schon vorher, im Juni 1771, hatte Anna Amalia mit ihren Söhnen eine kleine Reise nach Braunschweig gemacht. Auch hier ging es um ein Erziehungsprogramm. Die Söhne, so wollte es Anna Amalia, sollten sich erstmals an einem fremden Hof, der stärkere Rücksicht auf die Etikette nahm als der Weimarer, bewähren und daneben die berühmten kulturellen Einrichtungen des elterlichen Landes kennenlernen: das Naturalienkabinett mit der Gemäldegalerie, das Collegium Carolinum und die Bibliothek, daneben die zahlreichen Schlösser der Familienmitglieder.

Anna Amalia, Carl August und Constantin trugen sich im Fürstlichen Besucherbuch der Herzog August Bibliothek Wolfenbüttel unter dem Datum des 3. Juni 1771 namentlich ein.[7] Bei diesem Besuch begegnete Anna Amalia auch dem damals in Wolfenbüttel wirkenden und von ihr als Dramatiker hochgeschätzten Gotthold Ephraim Lessing.

Während des Besuchs, der für die jungen Prinzen im übrigen glänzend verlief, da sie sich in kürzester Zeit die ihnen noch fehlenden höfischen Verhaltensregeln angeeignet hatten und der Großmutter Philippine Charlotte durch ihre Reife angenehm aufgefallen waren, traf Anna Amalia auch ihren Onkel Friedrich II. wieder und stellte ihm ihre Söhne vor. Besonders über den Erbprinzen äußerte er sich lobend.

Die Kavaliertour der Prinzen konnte, zumindest was die erste Etappe anging, durch eine dringende Reise an den Hof in Karlsruhe motiviert werden: Carl August sollte sich in den festgefahrenen Eheschließungsverhandlungen mit Hessen-Darmstadt persönlich seiner künftigen Gattin, der Prinzessin Louise, vorstellen. Wie man sich denken kann, war in Sachsen-Weimar-Eisenach alle Welt auf die Prinzessin gespannt, die in das Fürstenhaus einheiraten sollte. Die weitere Reiseroute war demgegenüber nur unvollständig mit Anna Amalia abgesprochen. Sie

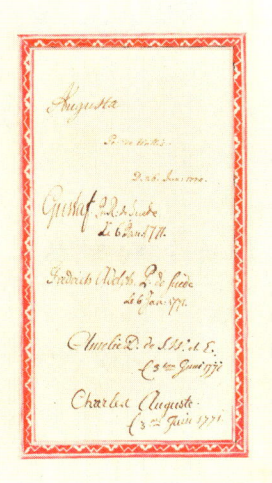

*Eintrag Anna Amalias und ihrer Söhne im Fürstlichen Besucherbuch der Wolfenbütteler Bibliothek.*

hatte sich gegen Görtzens Idee, die Prinzen müßten Paris sehen, gestellt und ihrerseits die Schweiz ins Gespräch gebracht. Doch Graf Görtz verband einfach beide Reiseziele: Die Reise sei um so besser, je länger sie währe, mag er wohl gedacht haben.

Anna Amalia blieb die Rolle der von ferne das lustige Treiben der jugendlichen Prinzen verständnisvoll gewähren lassenden Mutter. Durch Briefe, die Görtz den Prinzen abverlangte, wurde sie über die Stationen der Reise und das damit verbundene Bildungsprogramm auf dem laufenden gehalten. Der Graf ließ seine Verbindungen spielen: In Paris gelang es ihm, den Prinzen Zugang zum Versailler Hof zu bahnen, und der in Weimar bekannte Baron Melchior Grimm verschaffte der kleinen Reisegruppe ein Entree bei den aufgeklärten Gelehrten Raynal, Villoison und Diderot – diese Begegnungen konnte auch Anna Amalia als ihrerseits aufgeklärte Fürstin nur loben, obgleich sie es beklagen mußte, daß die geplante Einführung in das Geheime Consilium aufgrund der kurzfristig anberaumten Reise nur rudimentär gelungen war.

*Louise Auguste von Sachsen-Weimar und Eisenach, geb. Prinzessin von Hessen-Darmstadt, als junge Frau. Anonymes Pastell, um 1770.*

Auch der Rückweg bescherte den Prinzen gesellschaftliche Erfolge. Selbst in Erlangen, wo Anna Amalias ältere, anspruchsvolle Schwester als verwitwete Markgräfin von Brandenburg-Bayreuth lebte, hinterließen sie den besten Eindruck. Grund genug, dem Prinzenerzieher Graf Görtz zu danken, möchte man meinen. Doch schon zwei Wochen nach der Rückkehr von der sieben Monate dauernden Reise, am 1. Juli 1775, entließ Anna Amalia den verdienstvollen Mann, ohne daß ein Versäumnis seinerseits bekannt geworden wäre. Was also war der Grund? Vermutlich befürchtete die Herzoginmutter, Görtz, sollte er bei der Regierungsübergabe noch im Amt sein, werde nun versuchen, seinen Einfluß auf Carl August auch in dessen zukünftiger Politik geltend zu machen. Diese Handlungsweise erinnert an die Entlassung des Grafen Bünau nach dem frühen Tod ihres Ehemanns und zeigt erneut Anna Amalias manchmal rasch einsetzendes Mißtrauen sogenannten »unersetzlichen« Hofleuten gegenüber.

Neben der Erziehung der Kinder gab es für Anna Amalia andere wichtige Bereiche ihres Lebens, die sie individuell gestaltete bzw. deren

Gestaltung sie anregte: sie liebte es, ihre Wohnungen, das Wittumspalais und die unterschiedlichen Sommersitze, auszustatten und die Gartenanlagen dem Zeitgeschmack entsprechend zu verändern, sie war sehr an Mode interessiert und verfolgte zahlreiche geistige und musische Interessen. Gesellschaftliche und freundschaftliche Kontakte waren ihr wichtig, und sie pflegte sie sowohl in der persönlichen Begegnung als auch brieflich. Die religiöse Orientierung spielte im Leben Anna Amalias, je älter sie wurde, eine immer geringere Rolle.

Carl August hatte seine Mutter im Zuge seiner Regierungsübernahme gebeten, nicht auf ihren Witwensitz Allstedt nördlich von Weimar zu ziehen, wie es im Testament seines Vaters vorgesehen war. Damit erhob sich die Frage, wo die Herzoginmutter künftig wohnen sollte. Noch im Jahr 1774 erwarb der Sohn das 1767 von Minister von Fritsch erbaute Palais neben dem Franziskanerkloster für seine Mutter. Ein stattliches Anwesen; damals schloß sich an das Palais in westlicher Richtung ein größerer Garten an, der bis zum Erfurter Tor reichte und von der Stadtmauer begrenzt wurde. Carl August wünschte sich also ausdrücklich auch für die Zeit seiner Regierung die Nähe seiner Mutter.

*Das Wittumspalais, vom Theaterplatz aus gesehen.*

Diese ließ den Bau durch einen niedrigeren Flügel am Theaterplatz erweitern und bewohnte das Palais, das ab sofort den Namen »Wittumspalais« trug, vom Spätherbst 1774 bis zu ihrem Tod am 10. April 1807, wohlgemerkt nur in der »schlechten Jahreszeit«. Im Sommer lebte sie auf Schloß Ettersburg, später dann in Tiefurt.

Bereits in die Gestaltung des Gartens am Wittumspalais griff Anna Amalia ein, sie ließ verschlungene Wege bahnen, die den Garten der Empfindsamkeit kennzeichnen; bedeutender sind ihre Eingriffe in Belvedere (etwa die Pflanzung der sogenannten »Riesenallee«, heute Lindenallee, und des jetzt axial verlaufenden Wegenetzes) und später, ab 1777, in Ettersburg, wo sie einen englischen Landschaftspark anlegen ließ. Die wesentliche »Gartenphase« Anna Amalias begann jedoch später, in der Zeit ihrer Tiefurter Aufenthalte.

*Der Festsaal
im Wittumspalais.*

Viel Zeit, Ideen und Geld verwandte die Herzogin auf die Ausstattung der Räumlichkeiten im Wittumspalais. In Abständen von etwa zehn Jahren ließ sie die Zimmer und besonders die Gesellschaftsräume modernisieren, während sie ihre privaten Räume wenig veränderte und dort eher bescheiden lebte.[8] Ihre Wohnung war der Herzogin wichtig, nicht zuletzt, weil sie hier empfangen wollte. Das Domizil der Herzoginmutter durfte zwar nicht kostbarer erscheinen als das ihres Sohnes, des regierenden Fürsten. Doch sollte andererseits ein bestimmter Grad der Repräsentation nicht unterschritten werden, denn die Herzoginmutter war immer noch die zweitwichtigste Instanz des Staates.

Von Minister von Fritsch hatte Anna Amalia nicht nur das Palais selbst, sondern auch dessen Innenausstatter, Adam Friedrich Oeser,[9] übernommen, der auf ihre und Goethes Anregungen hin das Deckengemälde in ihrem Festsaal anlegte und die Wandfresken in dem chinesischen Gartenpavillon (der nicht mehr existiert, während die Fresken 1818 in den Roten Turm in der Orangerie von Schloß Belvedere überführt wurden, wo sie heute noch zu sehen sind). Oeser sollte für Anna Amalia auch noch in den 1780er Jahren im Nordflügel des Wittumspa-

*Detail aus dem Deckengemälde im Festsaal des Wittumspalais. Dargestellt ist die Minerva. Das Deckengemälde wurde von Adam Friedrich Oeser, der schon in Leipzig Zeichenlehrer Goethes gewesen war, 1775 angelegt.*

lais neue Zimmer herrichten; zwar wirkte seine Kunst angesichts des nunmehr herrschenden Klassizismus längst »verstaubt«, doch dieser Künstler war für Anna Amalia nicht nur ein Ausführender von modischen Dekorationen, sondern ein enger Vertrauter.

Interessant bei dem Deckengemälde, in dessen Mitte Minerva und Natura dargestellt sind, ist die allegorische Bedeutung: Minerva oder Pallas Athene sollte natürlich Anna Amalia selbst darstellen; Minerva war zur damaligen Zeit die typische allegorische Verkörperung der Landesmutter ebenso wie der Weisheit und galt als Schutzgöttin der Künste. Als solche sah Anna Amalia selbst sich sehr gerne und wurde wahrscheinlich von Goethe darin bestätigt. Auch Wieland deutete in einem Brief an Merck aus dem Jahre 1784 Anna Amalia ganz im Sinne der griechisch-römischen Schutzgöttin:

»Unsere Herzogin-Mutter scheint an allen Qualitäten, die eine Fürstin allen Menschen, die Zutritt bei ihr haben, lieb und verehrenswert machen müssen, mit jedem Jahre zuzunehmen. Sie ist unsere Pallas und unser Palladium zugleich, und ich begreife nicht, wie wir ohne sie existieren wollten.«[10]

Auch in anderer Form fand sich die Pallas Athene in Anna Amalias Umgebung, nämlich in Gestalt einer kleinen Fürstenberger Figurette, gestaltet in der Frühphase der Porzellanmanufaktur von dem bedeutendsten Fürstenberger Modelleur, Simon Feilner. Diese Pallas-Figur bewahrte Anna Amalia in Schloß Tiefurt neben einigen anderen Porzellanfiguren, den »Vier Jahreszeiten« nach Permoser, als Schmuck eines Tafelaufsatzes auf, der beim Dessert in der Tischmitte prangte. Gängig

war die Zuordnung der Figuren zu einzelnen Tafelnden des Herzogshauses, und selbstverständlich wurde Anna Amalia immer mit Minerva identifiziert.[11]

Die Porzellanmanufaktur in Fürstenberg war durch Herzog Carl I. 1747 ins Leben gerufen worden und hatte 1750 erstmals erfolgreich Porzellan gebrannt. Anna Amalia hatte als Kind die der Gründung vorausgehenden Verhandlungen vielleicht sogar miterlebt, eine Gründung, die zwar auch mit merkantilen, vor allem aber repräsentativen Absichten verbunden war, denn die Porzellanherstellung war damals sehr schwierig, ja, mutete geheimnisvoll an, und sie war vor allem sehr kostspielig. Im Laufe ihres Lebens erhielt und erwarb die Herzogin zahlreiche Service, Vasen und Gebrauchsgegenstände aus Fürstenberger Porzellan. Sie erbte auch eine größere

*Porträtbüste Johann Gottfried Herders. Gipsabguß nach Martin Gottlieb Klauer.*

Gruppe an Meißner Porzellanen aus dem Bestand von Herzog Ernst August sowie Porzellane regionaler Marken aus Thüringen, und sie erwarb aus diesen Manufakturen sowie aus Berlin selbst zahlreiche Stükke, doch macht das Fürstenberger Porzellan den Löwenanteil in ihrer Sammlung aus.[12] Die meisten dieser oft von den Eltern als Geschenk übersandten wie der von ihr selbst sammlerisch erworbenen Porzellanstücke entstammen der klassizistischen Zeit:[13] Jetzt war Anna Amalia frei von Regierungspflichten und hatte Muße, Wünsche zu formulieren, Aufträge zu erteilen. Es war die Zeit, in der sie sich möglicherweise in einer gegen das Rokoko gewandten Geisteshaltung auch einiger verspielter Porzellanstücke aus früheren Jahren entledigte.

Aus der Korrespondenz der Herzogin wissen wir, daß sie in Fürsten-

berg ein Novum anregte: Martin Gottlieb Klauer, seines Zeichens Hof-
bildhauer in Weimar, wie auch Johann Christoph Heybach, ebenfalls
Weimarer Bildhauer, sollten auf ihren Wunsch hin Gipsbüsten der Weimarer Fürstenfamilie nach Braunschweig schicken, auf daß diese von
der Fürstenberger Manufaktur in das Biskuitporzellanprogramm aufgenommen würden. Vielleicht diente Anna Amalias Reise nach Braunschweig im Jahr 1783 unter anderem auch dazu, den Transport der Klau-
erschen Gipsbüsten von Goethe, Wieland, Herder sowie der fürstlichen
Familie zu begleiten, die wenig später ebenfalls bei Fürstenberg als Bildnisbüsten aufgelegt wurden.[14]

Es bestand also auch in diesem für Anna Amalia wichtigen Bereich
des Sammelns und Anregens von Kunstgegenständen ein reger Kontakt
zum Braunschweiger Hof. Von den kleinen Bildnisbüsten ihrer Familie
und ihrer Geistesheroen, die sich nun jedermann im In- und Ausland
per Katalogbestellung in sein Wohnzimmer holen konnte, versprach sie
sich einen Effekt für die Außenwirkung Weimars: eine frühe Form der
Vermarktung der Marke »Weimar«.

In Anna Amalias Weimarer Wohnungen findet sich daneben eine ungewöhnlich umfangreiche Ansammlung von Lackmalereiarbeiten aus
der Manufaktur von Georg Siegmund und Johann Heinrich Stobwasser, auch dies eine Braunschweiger Firma, die 1763 gegründet worden
war. Die prominenteste Förderin dieser 100 Jahre lang florierenden,
bald auch in Berlin ansässigen Manufaktur, die Gebrauchsgegenstände
wie Leuchter und Teekannen oder Becher und Schnupftabaksdosen
ebenso fertigte wie Lacktabletts, Tische, Möbelstücke und Bilder in
Lack-Öl-Malerei, war Philippine Charlotte. Anna Amalia erhielt auf al-
lerhöchsten Befehl aus Braunschweig zahlreiche schöne Stücke aus dieser bemerkenswerten Produktion. Der Weimarer Bestand an den heute
sehr kostbaren Stobwasser-Arbeiten umfaßt 75 Einzelstücke, zwei Drit-
tel davon konnten erst kürzlich dieser Manufaktur zugeordnet werden.[15]

Daß Anna Amalia in ihrer Einrichtung mit der Zeit ging und ihr Stil
gerade in der klassizistischen Epoche über Weimar hinaus als richtungs-
weisend galt, belegt auch das Journal des Luxus und der Moden, her-

*Seidenschuhe Anna Amalias mit Silberstickerei, Rand mit grüner Seide eingefaßt, hoher geschweifter Absatz, mit weißem Leder abgefüttert.*

ausgegeben von Friedrich Justin Bertuch, der zu den Intimi Anna Amalias zählte. In der Ausgabe des Journals vom Juli 1786 heißt es:

»Ein gut möbliertes Gesellschafts-Zimmer muß auch anständig und geschmackvoll erleuchtet seyn. Lichter auf den Consolen und Tischen sind dazu nicht hinreichend … Die gewöhnliche Art solche Zimmer zu beleuchten ist mit Lustres und Bras, oder Kron- und Arm-Leuchtern. Die krystallnen Kron-Leuchter sind nur für große Tanz-, Schauspiel- und andere Gesellschafts-Säle; für kleinere Zimmer sind sie meistens zu groß und außer Geschmack. Für diese wählt man jetzt lieber kleinere Kron- und Arm-Leuchter von Bronze, von geschmackvoller Form und schöner Vergoldung. Die welche wir hier auf Taf. XXII liefern, sind vorzüglich schön von Form und Vergoldung; und, was ihren Wert gewiß nicht verringert, von einem sehr geschickten teutschen Künstler, Herrn Spiegel: Fabrikant Bernau, zu Braunschweig, gemacht, und hängen in einer teutschen Fürstin Zimmer.«[16]

Es versteht sich, daß mit der »teutschen Fürstin« Anna Amalia gemeint war; und die solcherart als vorzüglich beschriebenen modernen Dekorationsgegenstände in ihrer privaten Umgebung kommen erneut aus Braunschweig. Bertuch seinerseits wird seinen Artikel natürlich nur mit Einverständnis Anna Amalias eingerückt haben, so daß man davon ausgehen kann, daß sie in Sachen geschmackvoller Wohnungseinrichtung und Ästhetik Vorbild sein wollte.

Verschiedene weitere Einrichtungsgegenstände aus dem Wittumspalais werden im Journal Bertuchs nicht nur gelobt, sondern sogar zum Nachbau oder zum Kauf angeboten. Schließlich wird die Wandgestaltung der drei »neuen Zimmer«[17] der Herzogin genau beschrieben und zur Nachahmung in Bürgerhäusern empfohlen. Bertuch versucht hier, ohne daß der Name Anna Amalia fällt (doch in Weimar und Umgebung wird man gewußt haben, wer gemeint war), den Geschmack des Bürgertums zu entwickeln und dem Adel anzunähern. Anna Amalia tat ein Gleiches, wenn sie zu ihren Soireen Adel und Bürgerliche gemeinsam einlud.

Die heutige Einrichtung des Wittumspalais entspricht nicht dem Zustand zu Anna Amalias Zeit – nach ihrem Tod wurde ihre Einrichtung in verschiedenen Gebäuden untergebracht –, sondern geht auf das Jahr 1874 zurück, als Großherzog Carl Alexander das Wittumspalais von dem Grafen Wedel als Museum einrichten ließ. Zahlreiche Gegenstände vermitteln zwar die Atmosphäre der Wohnung Anna Amalias, gehörten ihr jedoch höchstwahrscheinlich nicht, so etwa auch die Musikinstrumente.[18]

Wie bei einer Fürstin nicht anders zu erwarten, die sich in der Innenausstattung immer an der neuesten Mode orientierte, war auch Anna Amalias Kleidung und Frisur immer hochaktuell. Sie war als Rokokoprinzessin mit steil hochragendem gepuderten Haaraufbau nach Weimar gekommen und veränderte sich entsprechend den Forderungen der Zeit, das heißt, sie wurde immer »natürlicher« im Aussehen. Dies meint die im Klassizismus beliebten hellen, weichfließenden Gewänder, die nach Art der Griechen direkt unter der Brust gegürtet waren und durch reichen Faltenwurf auffielen, dies meint bei den Frisuren schließlich das ungepuderte, in langen Locken auf die Schultern fallende Haar. Über ihre Vorliebe für Schuhe berichtet der damalige Page Karl Wilhelm von Lyncker:

»Allgemein wurde ihr [Anna Amalias] kleiner Fuß bewundert, und da sie täglich ein Paar neue Schuhe anlegte, die sie dann den Kammerfrauen überließ, so kamen solche häufig zum Verkauf, und jede Dame war stolz darauf, ihren Fuß in die Schuhe der Herzogin zu zwängen. Die

*Fürstenberg-Figurine der Pallas Athene oder Minerva, 1758.*

Hof- und anderen Kavaliere trugen aus Galanterie kleine goldene Schu-he als Uhrketten-Berlocke.«[19]

Mit wem verbrachte Anna Amalia ihre freien Stunden? Außer ihren Hofstaat und die für sie wichtigen Hofbeamten bat sie zu unterschied-lichen Geselligkeitsformen die unterschiedlichsten Menschen in ihre Nähe. Sie schätzte zuweilen auch das Eintauchen in das Volkstümliche. Der folgende Bericht stammt aus der Zeit von 1773 bis 1775:

»Die Herzogin als Regentin ließ schon zuweilen alle Fürstlichkeit zu Hause und liebte einen Scherz. So einmal in Belvedere eine Mond-scheinszene abends, wo Studentenlieder gesungen wurden, u. Wedel als Jagdjunker sein: Bruder auf dein Wohlergehn! intonierte.

Ein andermal fuhren sie zu acht auf einem Heuwagen nach Denstedt von Tiefurt. Halb Wegs brach ein Gewitter los. Die Herzogin u. die Hofdamen waren sommerhaft angezogen. Wieland gab ihr seinen Überrock. Alle waren bis auf Hemden durch-näßt. In Denstedt mußte die Linkern Hemden u. Garderobe fournieren. Allgemeiner Jubel über diese Expedition.«[20]

*Friedrich Hildebrand von Einsiedel. Ölgemälde von J. E. Heinsius, 1780.*

Die während ihrer Regentschaft wichtigen Minister Grei-ner, Nonne und von Witzleben waren inzwischen altersbe-dingt abgetreten, ein Generationswechsel hatte stattgefun-den. 1774 hatte in Weimar ein junger Mann als Prinzen-erzieher für Prinz Constantin sein Amt angetreten, der so-wohl der Herzogin wie der sogenannten Partei »der aufge-henden Sonne«, den wichtigen Hofleuten um den Thron-folger, Graf Görtz und Wieland, mehr als zusagte: Carl Ludwig von Knebel (1744-1834), ein tapferer Soldat und dichtender Schöngeist, der seine eigenen Fähigkeiten nie überbewertete und den Kontakt zu überlegeneren Geistern suchte. Er sollte es wenig später sein, der in Frankfurt den jungen Goethe kennenlernte und mit Carl August zu-sammenbrachte. Sein Steckenpferd war die Antike, in Weimar fertigte er Lukrez- und Properz-Übersetzungen an. Von ihm schreibt der im-mer zur Häme bereite Hofrat Böttiger: »Knebel machte den Hofstaat des Prinzen Constantin in Tiefurt sehr liberal. Hatte wöchentlich mehr-mals offene Tafel, bildete den Prinzen zum Dilettanten in den Musenkünsten (die er nie verstand, u. lieber den Kammerdiener zu seinem Vertrauten u. Kuppler machte), u. reichte immer nicht mit dem Gelde des Prinzen aus.«[21]

Knebel ergänzte die kleine Runde individualistischer Hofleute, die, wenngleich sie dem »jungen Hof« zugeordnet waren, doch sehr gerne in Anna Amalias Kreis wirkten.

Eine besondere Rolle spielte hier Friedrich Hildebrand von Einsiedel (1750-1828), der als Oberhofmeister bei Herzogin Louise angestellt war. Vor allem interessierten ihn die Literatur und die Musik, er schrieb selbst Schauspiele, Singspiele, Lieder und Prosageschichten und war ebenfalls als Übersetzer aus dem Lateinischen (Terenz) tätig. Mit Goethe boxte und würfelte er, er war ein Mensch, der oft den ganzen Vormittag im Bett verbrachte, sich andererseits an langen Abenden um das Liebhabertheater der Herzogin verdient machte.

Mit Carl Friedrich von Seckendorff (1744-1785) schließlich, der ab 1776 in Weimar für einige Jahre als Kammerherr Dienst tat, konnte Anna Amalia einen höchst begabten Laienkomponisten an sich binden, der Gedichte und Singspiele von Goethe vertonte.

Bei den Hofdamen waren es weniger die inzwischen stark alternde Luitgarde von Nostitz als die hübsche Schwester des Stallmeisters von Stein sowie die junge, verwachsene Luise von Göchhausen (1752-1807), die den geistig-künstlerisch orientierten Kreis belebten. Gerade sie, die ab 1775 Gesellschafterin Anna Amalias wurde, zeichnete sich durch scharfzüngige Bemerkungen, Witz und literarische Interessen aus, war aber auch immer wieder die Zielscheibe von teils groben Scherzen. Eines Abends während eines Festes mauerte Goethe ihr gar in Tiefurt den Eingang zu ihrer dortigen Mansardenwohnung zu. Ausschließlich in ihrer Abschrift ist uns der *Urfaust* erhalten.

*Carl Friedrich Siegmund von Seckendorff. Anonymes Ölgemälde nach J. E. Heinsius, vor 1886.*

Der in den 1770er Jahren in Weimar um Anna Amalia sich scharende Kreis war begierig, sich zu produzieren und auf Festen, im Gespräch oder auch beim winterlichen Schlittenfahren oder Eislaufen Leben, Kunst und wissenschaftliche Erkenntnis miteinander zu teilen.

*Portrait der Luise von
Göchhausen von
Johann Wolfgang
von Goethe.
Graphit auf Papier,
um 1780.*

Carl August setzte die von Anna Amalia begonnene Politik der Berufung von Gelehrten und Künstlern in Hofämter im übrigen fort, wodurch sich zwar ein von Abhängigkeiten und Animositäten des »alten« gegen den »jungen« Hof geprägtes Klima, aber gleichzeitig eine ständig brodelnde kreative Atmosphäre entwickelte.[22]

Nicht nur literatur- und musikbegeisterte Dilettanten, sondern auch hervorragende bildende Künstler hatte die Herzogin noch zu Zeiten ihrer Regentschaft an Weimar binden können, so den Hofbaumeister Friedrich Rudolf Steiner und den Bildhauer Martin Gottlieb Klauer. Hinzu kam 1775 der Frankfurter Maler Georg Melchior Kraus, der gemeinsam mit Friedrich Justin Bertuch noch im selben Jahr die Freie Zeichenschule gründete. Anna Amalia selbst hatte auch für Zeichnen und Malen großes Interesse, obwohl diese Fähigkeiten in ihrer Kindheit und Jugend nicht gefördert worden waren. Nach Beendigung der obervormundschaftlichen Regierung nahm sie Unterricht in den verschiedensten künstlerischen Techniken, zunächst bei dem Hofmaler Johann Ehrenfried Schumann und dem Porträtmaler Johann Ernst Heinsius, danach mit noch mehr Begeisterung bei Georg Melchior Kraus, der mit der Herzogin auch oft im Freien zeichnete und malte. Ab 1780 verwendete Anna Amalia auch die in der damaligen Zeit für die Proportionenwiedergabe gern gebrauchte Camera obscura.[23] Sie war äußerst beschei-

den, was ihre zeichnerischen und malerischen Hervorbringungen anging, und zeigte sie nur selten anderen Menschen. Ihre eigenen Kompositionen hingegen trug sie gerne vor oder ließ sie vortragen. Im übrigen war die Musik die Kunstgattung, mit der sich die Herzogin in ihrem Leben am kontinuierlichsten und virtuosesten beschäftigte, wenngleich für die

Phase der obervormundschaftlichen Regierung außer den Klavierstunden bei Kapellmeister Ernst Wilhelm Wolf und etlichen Kompositionen von ihrer Hand wenig ermittelt werden kann. In den Jahren 1773-75 lernte sie dann bei Carl Reichenberg Traversflöte und perfektionierte sich gleichzeitig bis 1790 so auf dem Klavier und Cembalo, daß sie im höfischen Umfeld auftreten konnte. Ihre Kompositionen mit Ausnahme ihres Divertimentos für Klavier, Klarinette, Viola und Violoncello (1780) wurden allerdings auf eigenen Wunsch nicht gedruckt, dies entsprach dem ungeschriebenen Gesetz, daß eine fürstliche Dame unmöglich als »Berufsmusikerin« hervortreten konnte.

Eine solche war Corona Schröter, die 1776 einem Ruf Carl Augusts nach Weimar folgte, wo sie als Kammersängerin und Schauspielerin Furore machte und sofort von Anna Amalia in ihren geselligen Kreis einbezogen wurde.

*Johann Joachim Christoph Bode. Kupferstich von J. H. Lips nach J. E. Heinsius. Links: Christian Joseph Jagemann. Frontispiz zu Jagemanns »Dizionario italiano-tedesco«, Kupferstich von J. H. Lips.*

Nicht nur Künstler unterschiedlicher Gattungen, auch bürgerliche Gelehrte lud Anna Amalia zu ihren Geselligkeiten ein: Neben Bertuch zählte Johann Joachim Christoph Bode (1730-1793) zu den Habitués. Der Verleger, Übersetzer und Musiker war ein geborener Braunschweiger, der dort zunächst als Stadtmusiker gearbeitet hatte. Seit 1779 lebte er als Sekretär der Gräfin Caritas Emilie von Bernstorff in Weimar. Ebenso schätzte die Herzogin Christian Gottlob Voigt (1743-1819), der 1777 nach Weimar kam und eine Karriere im Geheimen Consilium machte. Er wurde später der engste Mitarbeiter Goethes, unter anderem in der Oberverwaltung der Bibliothek. Auch er galt als ein ausgemachter Kenner der Antike und der Münzkunde. Und schließlich sei für die Jahre von 1791 bis 1804 des »Lästermauls« Karl August Böttiger (1760-1835) gedacht, der das Weimarer Gymnasium leitete und als archäologischer und kunsthistorischer Schriftsteller im damaligen Weimar viele Gesprächspartner hatte.

*Porträtbüste Johann Wolfgang von Goethes. Gipsabguß nach Martin Gottlieb Klauer, 1820.*

Natürlich durften die »Großen Vier Weimars«, Wieland, Goethe, Herder und Schiller, nicht fehlen, sie bildeten sozusagen den Humus der vergnüglichen wie lehrreichen Zusammenkünfte bei Anna Amalia. Aber auch ungezählte zum Teil berühmte Gäste sind in Erinnerung zu rufen, so unter anderem die wie ein Sturmwind Ende 1803 in Weimar auftauchende Madame de Staël oder der berühmte französische Philologe Jean Baptiste Gaspard d'Ansse de Villoison, der Anna Amalia für griechische Kultur und Sprache begeisterte.

Anna Amalias Gesellschaftsbegriff war durchlässig. Es war nicht nötig, mit dem Adelsprädikat auf der Brust bei ihr zu erscheinen. Man mußte sich allerdings für Künste und/oder Wissenschaften interessieren, wenn man bei ihr reüssieren wollte. Insofern waren auch Jenenser Professoren immer wieder willkommen. Anna Amalias Einladungen folgten ihrem privaten Interesse, sich mit Kultur und Bildung zu umgeben, von neuen Erkenntnissen zu erfahren und zu diskutieren, ästhetische Eindrücke mit Freunden zu teilen, die eigenen Fähigkeiten und Kenntnisse zu üben und zu vertiefen.

*Johann Gottfried Herder.*
*Ölgemälde von Friedrich*
*Rehberg, vor 1800.*
*Anne Louise Germaine*
*Baronne de Staël-Holstein.*
*Gefaßte Gipsbüste von*
*Christian Friedrich Tieck,*
*1808.*

Selbstverständlich beschäftigte sich die »Herzogin der Bücher« – diese Leidenschaft hatte sie von ihrer Mutter geerbt – zeit ihres Lebens nicht nur mit dem Bucherwerb, sondern gern und intensiv mit Lektüre. Darunter verstand sie höchst unterschiedliche Tätigkeiten: Es ging vom bloßen Lesen zu Unterhaltungszwecken über das Exzerpieren eines Buchs, das dem Wissenserwerb diente, bis zur Übersetzung von Texten aus fremden Sprachen. Sie praktizierte die Sprachen, die sie im Laufe ihres Lebens lernte, zu verschiedenen Phasen unterschiedlich intensiv. Dem Deutschen und Französischen gehörte immer ihre größte Aufmerksamkeit, doch trat ab der Mitte der 60er Jahre die italienische Sprache in den Vordergrund: Anna Amalia nahm schon in der Zeit ihrer Regierung Italienischunterricht bei dem Prinzenlehrer Gottlob Ephraim Heermann, ab 1775 dann bei Christian Joseph Jagemann. Sie übersetzte unter seiner Ägide Arien des Metastasio, und zwar als Übungen, die dem Spracherwerb dienten. Später bereitete sie sich mit den Sprachstudien auch gezielt auf ihre Italienreise vor.[24] Demgegenüber war ihr Interesse am Englischen wesentlich punktueller und im Grunde einer literarischen Mode unterworfen – sie lernte Englisch ab 1775, doch übersetzte sie aus dieser Sprache nur sporadisch. Interessant ist das relativ plötzlich aufflammende Interesse Anna Amalias für das Griechische, das mit der Anwesenheit des Gelehrten de Villoison in Weimar von 1782 bis 1783 verbunden war: Der berühmte Mann unterrichtete sie, nach seiner Ab-

*Friedrich Schiller.*
*Undatierte Bronze-*
*medaille.*

reise übernahm Wieland diese Aufgabe. Dem Lateinischen kommt neben dem Italienischen in den 80er und 90er Jahren die größte Bedeutung bei Anna Amalias Sprachstudien zu: Sie erlebte das Lateinische als Muttersprache des Italienischen und eroberte sich die Antike auch über ihre Übersetzungen, etwa des Properz und anderer Autoren.

In welchen Formen fanden die Zusammenkünfte bei der Herzogin statt? Bereits erwähnt wurde die Gesellschaft in ihrem »Tafelrundenzimmer« im Wittumspalais. Die Tafelrunde etablierte sich nach dem Ende der Regentschaft und hatte für Anna Amalia eindeutig den Zweck, die nun vermehrt zur Verfügung stehende »Freizeit« sinnvoll und mit Personen der eigenen Wahl zu verbringen: mit gemeinsamer Lektüre, Vorlesen oder Rezitieren, Vorträgen, Diskussionen über das Gehörte, Gesang und Instrumentalmusik. Der Mittwochabend, später der Montagabend, war diesem Zirkel vorbehalten. Georg Melchior Kraus hat die Atmosphäre im Bild festgehalten. Und Karl Wilhelm Friedrich von Lyncker, damals Page bei Anna Amalia, erinnert sich:

»Jeder von den Pagen wartete gern bei der Mittwochstafel der Herzoginmutter auf, wozu nur einer oder zwei vom Adel, jederzeit aber mehrere schöne Geister eingeladen wurden. Goethe, Wieland und Herder gerieten regelmäßig in lebhaften Streit; von Knebel und Einsiedel nahmen dann Partie; so entstand ein zwar an sich interessantes, aber oft solch lautes Gespräch, daß die Herzogin, Mäßigung gebietend, zuweilen die Tafel früher aufheben mußte.«[25]

Die Tafelrunde der Herzogin war das Vorbild für zahlreiche weitere private Zirkel, die in Weimar entstanden: die »Freundschaftstage« der Luise von Göchhausen am Samstag, die Runde der »Weltgeister«, eine Männerrunde, die Herzog Carl August im Fürstenhaus um sich versammelte, die am Sonntagabend im Hause Herder veranstalteten Gesprächsrunden oder auch die Treffen bei Bertuch, Riemer oder Charlotte von Stein. Ab 1801/02 tagte dann für kurze Zeit bei Goethe alle vierzehn Tage die »Cour d'amour«, wo nach Gesang und Abendessen gemein-

schaftliche Gedichte entstanden, im Jahre 1806 schließlich übernahm es die zugezogene Johanna Schopenhauer, einen Jour Fixe in ihrem Haus an der Esplanade auszurichten.

Die kulturtragenden Kreise in Weimar befürworteten also das von der Herzogin entwickelte Geselligkeitsideal und ahmten es noch bis in das 19. Jahrhundert hinein nach, Anna Amalia war hier erneut ein Vorbild für sie.

Ein weiterer Anlaß zur gesellig-kreativen Zusammenkunft war für die Herzogin das Theaterspiel. Aus der Not hatte sie eine Tugend gemacht. Seit dem Schloßbrand 1774 fehlten ja sowohl der Theaterraum wie die fest engagierte Theatertruppe, die nach Gotha weitergezogen war. Mit dieser Initiative stand Anna Amalia übrigens keineswegs allein da, denn Theaterspielen war für viele Fürstinnen und Fürsten ihrer Zeit Teil der Freude des Barock an der Inszenierung des Lebens. Das Weimarer Liebhabertheater, dessen Motor Anna Amalia und der von ihr hinzugezogene Goethe waren – die Finanzierung hatte allerdings Carl August übernommen –, bestand von 1775 bis 1784. Sicherlich wäre es ohne Goethe

*Das Tafelrunden-zimmer im Wittums-palais.*

97

nie zu solcher Beliebtheit aufgestiegen. Ihm gelang es, die ursprünglich getrennten Gruppen – eine adlige um Anna Amalia und eine bürgerliche um Bertuch – zusammenzuführen. 113 Aufführungen konnten realisiert werden. Bei der Wahl der Stücke vertrauten die Protagonisten – es waren dies die Teilnehmer an Anna Amalias Tafelrunde – meist auf ihre eigenen Kräfte, sie übersetzten, bearbeiteten, vertonten bereits vorhandene Texte und schrieben neue Libretti. Von der gröberen Posse, wie sie etwa *Das Jahrmarktsfest zu Plundersweilern* (Text von Goethe, Musik von Anna Amalia) darstellt, das am 20. oder 24. Oktober 1778 in Ettersburg aufgeführt wurde, über das Singspiel oder Sing(e)schauspiel wurden die unterschiedlichsten Genres aufgeführt. Hofrat Böttiger erinnert sich an ein besonderes Spektakel:

»Eines der mutwilligsten Stücke von Goethe war während der theatralischen Epoche ein Drama, das auf dem gesellschaftlichen Theater mit fürstlichem Aufwande (es kostete mehr als 1000 Taler) aufgeführt wurde, betitelt: *Die geflickte Braut*. Was in Goethes Werken unter dem Namen: *Der Empfindsame* abgedruckt ist, kann kaum als ein Schattenriß der echt aristophanischen, mit acht Balletts und allen möglichen Gesängen, tragischen Auftritten. komischen Embroglios u.s.w. durchwebten Farce gelten. Statt der lebenden Braut (der Demoiselle Schröder) wurde eine Puppe aufs Theater gebracht, die aber völlig so angekleidet war, wie die lebende (weiß mit Gold). Dieser wurde der Bauch aufgeschnitten, und ihre Eingeweide untersucht, die aus Broschüren und damaligen Modebüchern bestand(en).«[26]

Die Beteiligten waren oft wochenlang mit Proben, dem Bau von Dekorationen und der Verfertigung von Kostümen beschäftigt. Ein großer Tag für die Liebhaberbühne war die Parodie auf Wielands *Alceste* im September 1779, in der der vielschreibende Wieland so verspottet wurde, daß er die Aufführung zornig verließ, sehr zum Gelächter aller Beteiligten, inklusive der Herzogin, die selbst die Alceste gegeben hatte, die mit ihrem Hofstaat in eine Postkutsche gestiegen war, um in den Orkus zu fahren.

*Schloß Ettersburg
bei Weimar,
Außenansicht.
Schloß Ettersburg,
Weißer Saal.*

Ab 1776 stand dann die vielverehrte Corona Schröter auf der Bühne des Liebhabertheaters, das zunächst in Schloß Ettersburg seine Heimat gefunden hatte. Sie spielte nicht nur die Iphigenie in Goethes Drama, in welchem er selbst den Orest darstellte, Prinz Constantin den Pylades und Knebel den Thoas, sondern auch die Sophie in den *Mitschuldigen* von Goethe, er selbst erneut den Alcest. In dem Singspiel *Lila* (Text von Goethe und Musik von Seckendorff) trat sie wieder mit ihm auf, wenig später gab sie die Elmire in seinem Singspiel *Erwin und Elmire*. Diesmal

hatte Anna Amalia selbst die Musik geschrieben, wie sie auch für Goethes *Jahrmarktsfest zu Plundersweilern* die Gesangspartien und die kammermusikalische Begleitung komponiert hatte. Anna Amalia liebte die künstlerische Zusammenarbeit mit den ihr Nahestehenden, sie liebte es, im zweckfreien Raum der Kunst zu agieren und ihre Schaffenskräfte einzusetzen fernab einer steifen höfischen Etikette, die sie mehr und mehr ablehnte.

An Donnerstagen veranstaltete die Herzogin zumindest in der kalten Jahreszeit und meist im Festsaal des Wittumspalais Konzerte, bei denen vor allem italienische Musik, Konzertarien, Opernarien, aber auch Oratorien etwa des Braunschweiger Komponisten Johannes Adolf Hasse (1699-1783) aufgeführt wurden.

Unter den zahlreichen Personen, die Anna Amalia bei den unterschiedlichen Geselligkeits- und Kunstaktivitäten umgaben, wurden im Laufe der Jahre die Beziehungen zu Christoph Martin Wieland und Johann Gottfried Herder immer enger, während die ursprünglich produktive zu Goethe nach dessen Italienreise und der eigenen in den Hintergrund trat. Fast könnte man annehmen, ein Bruch sei eingetreten, doch keiner von beiden hat je darüber gesprochen. Eine Rolle spielte sicherlich Goethes ab den 90er Jahren stark gewandelte Auffassung vom Theater und sein Kampf gegen den Dilettantismus. Anna Amalia hingegen wünschte nach wie vor zu dilettieren und hat sich sicherlich oft nach den fröhlichen 70er Jahren zurückgesehnt.

Sie suchte zeitlebens wahre Freundschaft und erkannte den Ehrentitel »Freund« nur wenigen Menschen ihrer Umgebung zu. Oft mißtraute sie aber ihr gegenüber gezeigten freundschaftlichen Regungen, daran mögen ihre strenge Erziehung und der Mangel an freundschaftlichen Beziehungen in ihrer Jugend mit schuld sein.

Die Religion verlor für sie im Laufe der Jahre stetig an Bedeutung: Sie strebte weg von der konventionellen Beachtung der religiösen Pflichten, hin zu einem fast stolz eingestandenen »Heidentum«, ein Entschluß, der möglicherweise auch auf den freigeistigen Einfluß Goethes zurückzuführen war.

*Der Musentempel im Tiefurter Park.*

# TIEFURT UND DIE VORBEREITUNG
## AUF ITALIEN

### 1781-1788

In den ersten Jahren nach der Befreiung von den Regierungspflichten war Schloß Ettersburg der bevorzugte Sommersitz der Herzogin. Hier hatte das Liebhabertheater Anna Amalias seine erste große Epoche, Carl August, der Märchendichter Musäus, Corona Schröter und viele andere »Liebhaber« suchten sich die zu ihnen passenden Rollen aus, und auch die Herzogin spielte immer wieder begeistert mit.

Sie bildete daneben unter der Anleitung des Vertrauten Adam Friedrich Oeser noch im Sommer 1780 mit großem Gewinn in Ettersburg ihr zeichnerisches Talent weiter aus. Doch noch im selben Jahr klagte sie darüber, daß das große Schloß im Unterhalt zu teuer sei, und suchte daher nach einer Alternative. Diese fand sie im folgenden Jahr in dem 1775 dem Prinzen Constantin als eigene Hofhaltung übergebenen zehn Jahre zuvor erbauten Gutspächterhaus in Tiefurt.

Der Prinz war auf Reisen, und Anna Amalia nutzte die Gunst der Stunde, zog ein und sah Tiefurt fortan als ihren Sommersitz an. Der romantische Landschaftspark, das angenehme, bescheidene Haus hatten es ihr angetan. So schildert es auch die Schauspielerin Karoline Jagemann, die 1797 die Geliebte Carl Augusts wurde, in ihren Erinnerungen:

»Im Sommer bewohnte sie ein bescheidenes Gutshaus im Dorfe Tiefurt, das nur die Ehrfurcht vor der Bewohnerin Schloß nennen konnte, am Eingang eines kleinen Parks mit herrlichen Bäumen, den die Ilm, sonst verdrießlich und träge, wie ein rauschender Waldstrom durcheilte. Außer ihrem Hofstaat war sie täglich von allem umgeben, was Weimar Vorzügliches besaß, und dessen war damals viel, denn Wieland, Herder, Goethe in der Blüte ihrer Jahre, voll Heiterkeit, ich möchte sagen fröhlichen Übermuts, überboten sich in geistreichen Betrachtungen, Scherzen und Satiren über moralische und psychologi-

*Karoline Jagemann. Porträt von Friedrich Lieder. Gouache auf Elfenbein, um 1798.*

*Garten
am Wittumspalais
mit chinesischem
Pavillon.
Aquarellierte
Pinselzeichnung
von Anna Amalia,
um 1790.*

sche Themen, Erlebnisse, Zeitereignisse und Gedichte, und dazu gesell-
ten sich abwechselnd andere, die mit Witz und Gelehrsamkeit Heiterkeit und Anmut verbreiteten.«[1]

Ein Unternehmen, das ganz den Geist dieser munteren Dichter- und
Gelehrtenrunde um die Herzogin atmete, war das *Tiefurter Journal*, das
nach dem Vorbild des *Journal de Paris* ab dem ersten Tiefurter Sommer
(1781) wöchentlich erschien und jeweils in elf handgeschriebenen Ex-
emplaren an die Teilnehmer verteilt wurde. Neben Anna Amalia als
Herausgeberin wirkten Luise von Göchhausen und Freiherr von Einsie-
del, aber auch der mit Anna Amalia gut bekannte Herzog August von
Gotha, der Darmstädter Merck und der Kurmainzer Statthalter von Er-
furt, Carl von Dalberg, von Knebel, Seckendorff, die Hofdamen von
Schardt und von Werthern, Caroline Herder, Carl August und Goethe,
Herder und Wieland mit, kurzum alle, die zum kulturell interessierten
Umfeld in den 1770er und 1780er Jahren gehörten. 47 Ausgaben oder
»Stücke« des Blattes erschienen, das launige Beiträge über die Legefreu-
digkeit eines Perlhuhns ebenso aufnahm wie Herders Übersetzungen

*Goethezimmer in Schloß Tiefurt.*

von Liedern und Gedichten fremder Völker, auch etwa Goethes bedeutendes Gedicht *Auf Miedings Tod* und seine Ode *Edel sei der Mensch, hilfreich und gut.*

Wieder hatte die Herzogin also einen Plan entwickelt, der anspruchsvoll war, sich aber mit den eigenen Kräften und denen ihrer Hofleute und Freunde verwirklichen ließ. Hierin lag eine große Stärke Anna Amalias. Sie konnte die ihr nahestehenden Menschen für Projekte begeistern, die »lediglich« eine Verfeinerung des Geistes mit sich brachten. Anna Amalia liebte es immer, wenn eine Geselligkeit, in deren Zentrum sie stand, auch zu einem gewissen Ergebnis führte: einer Aufführung, einer Erkenntnis – oder hier einer Kulturzeitschrift.

Im selben Jahr 1781 entdeckte sie Tiefurt und seinen idyllischen Park als ideale Kulisse für die Freilichtaufführungen des Liebhabertheaters. Ihr vertrauter Kunstberater Oeser war in diesem wie im folgenden Sommer dort ihr Gast und plante die Vorbereitungen für die erste festliche Illumination des Parks, die anläßlich von Goethes Geburtstag am 28. August stattfinden sollte: Ein Schattenspiel aus Seckendorffs Feder kam zur Aufführung, im Wald ließ Oeser Reisigbündel entzünden, in die statuenähnliche Figuren gesetzt wurden. Corona Schröter spielte natürlich wieder die Hauptrolle. Der Titel des Stücks: *Minervens Geburt, Leben und Taten.* Die Botschaft, an den Jubilar Goethe gerichtet, lautete, er möge sich (trotz der Amtsüberlastung) weiter mit seinen unvollendeten Dramen *Tasso, Egmont* und *Faust* befassen und *Wilhelm Meisters theatralische Sendung* beenden. Im letzten Akt ehrte Corona Schröter den Dichter mit der goldenen Leier Apollons und den Blumenkränzen der Musen.

Ein Jahr später trat Prinz Constantin, beleidigt dadurch, daß Anna Amalia, ohne ihn zu fragen, im Park Veränderungen vorgenommen hatte, seine Hofhaltung offiziell an seine Mutter ab. Diese war froh über dieses Ergebnis, denn Tiefurt sagte ihr zu, und sie genoß den zweiten Sommer, in dem sich Goethe mit der Inszenierung des Wald- und Wasserdramas *Die Fischerin* für das letztjährige Spektakel revanchierte. Der Park war erneut illuminiert, und Corona Schröter sang unter anderem die von ihr selbst vertonte Goethesche Ballade vom *Erlkönig.*

*Das Journal von Tiefurt. Avertissement (Ankündigung), 1781.*

Diese Aufführung war einer der Höhepunkte des Tiefurter Liebhabertheaters wie auch des Singspiels. Goethe schrieb dazu an Carl Ludwig von Knebel:

»Für Tiefurt habe ich eine Operette gemacht, die sehr gut und glücklich aufgeführt worden. Da du das Lokal so genau kennst, wirst du dir beim *Lesen* den schönen Effekt denken können. Die Zuschauer saßen in der Mooshütte wovon die Wand gegen das Wasser ausgehoben war. Der Kahn kam von unten herauf pp. Besonders war auf den Augenblick gerechnet, wo in dem Chor die ganze Gegend von vielen Feuern erleuchtet und lebendig von Menschen wird.«[2]

Die Herzogin liebte nach eigenen Aussagen in Tiefurt insbesondere das »Rustizieren«, das ländliche Leben nach dem eigenen Rhythmus, fern von der einengenden Hofetikette, sie fütterte dort eigenhändig die Perlhühner und unternahm schon im selben Jahr, beraten von Goethe, landschaftsgärtnerische Veränderungen. Er ersann für sie Aussichtspunkte und ließ Ruheplätze errichten. 1782 reiste sie, wie zuvor schon Carl August und Goethe, nach Wörlitz, um die dortigen Gärten kennenzulernen, und bezog die von ihrem Sohn Constantin und seinem Erzieher von Knebel begonnenen Gartenveränderungen in ihre Pläne ein. Noch im selben Jahr stellte sie eine von Klauer gefertigte Wielandbüste in ihr sogenanntes Lohhölzchen im Park und vom selben Künstler ein Denkmal für die Sängerin Corona Schröter, deren Darbietung in der *Fischerin* für alle Teilnehmer unvergessen blieb: Amor füttert mit giftbenetzter Pfeilspitze eine Nachtigall. Auch diese Idee ging auf Goethes Verse zurück, die Klauer in den Sockel meißelte: »Dich hat Amor gewiß, o Sängerin, fütternd erzogen. Kindisch reichte der Gott dir mit dem Pfeil die Kost. So, durchdrungen vom Gift, die harmlos atmende Kehle, Trifft mit der Liebe Gewalt nun Philomene das Herz.«

1785 ertrank Anna Amalias jüngerer Bruder Leopold in der Oder bei dem Versuch, vom Hochwasser bedrohte Menschen zu retten. Die Herzogin ließ daraufhin von Oeser ein Denkmal planen, das ebenfalls von Klauer in Stein umgesetzt wurde. Diese Zusammenarbeit läßt sich für fast alle Memorialorte im Tiefurter Park nachweisen. Der ebenfalls dem Kreis um die Herzogin angehörende Georg Melchior Kraus, Direktor der Freien Mal- und Zeichenschule, machte diese Denkmale für jedermann in Form von zum Teil kolorierten, vielfach reproduzierten Stichen verfügbar.

*Szenendarstellung aus dem Singspiel »Die Fischerin« mit Text von Goethe. Getönte Lithographie.*

Die wesentlichen Veränderungen im Tiefurter Park wie auch die Einrichtung des Hauses im modernen »demokratischen Stil«[3] erfolgten jedoch erst nach der Italienreise, also nach 1790.

Die heutige Einrichtung in Tiefurt zeigt nicht mehr die ursprünglichen Möbel aus Anna Amalias Besitz. Sie fielen 1806 den napoleonischen Plünderungen zum Opfer. Maria Pawlowna und Carl Friedrich, die Enkelgeneration, bestückten das Schlößchen nach Anna Amalias Tod mit Möbeln und Gegenständen aus dem Nachlaß der Großmutter.

Wir wissen aber, daß Anna Amalia auch in Tiefurt einer schon erwähnten Leidenschaft frönte, nämlich dem Sammeln von Porzellan. Erhalten sind unter anderem die Stücke der »Kalten Küche«, ein Ensemble aus Deckeldosen, die Lebensmittel nachbilden, vom Karpfen über die Krebse bis zum Brötchen sowie Spargel aus grünem und weißem Porzellan. Die Dosen wurden zusammen mit den entsprechenden »echten« Lebensmitteln serviert und sollten den Gast durch täuschende Ähnlichkeit verblüffen. Diese Sammelleidenschaft Anna Amalias zeigt ihr Vergnügen an der für das Rokoko typischen Verhüllung und dem zweckfreien Spiel.

Ein weiteres Stück, ein Zimmerbrunnen aus der Meißner Marcolini-Periode von ca. 1785 in Form eines Rundtempels, aus Holz und Messingblech gestaltet, in welchem sich eine weiße Porzellangruppe aufhält, spiegelt die Rousseau-Begeisterung der Epoche: Die dargestellten Personen, drei junge Mädchen und zwei Kinder, klatschen in die Hände; auf der Säule in ihrer Mitte steht aufgeschlagen Rousseaus Roman *La nouvelle Héloïse*. Tiefurt läßt den großen Einfluß des Philosophen und seines Credos des »retour à la nature« erahnen. Über dem Eingang des Hauses ließ Anna Amalia einen Vers von Matthison anbringen:

> »Hier wohnt Stille des Herzens,
> Goldene Bilder steigen
> Aus der Gewässer klarem Dunkel.
> Hörbar waltet am Quell der leise Fittich
> Segnender Geister!«

Die Naturliebe Anna Amalias verbindet sich in Tiefurt mit ihrer wachsenden Begeisterung für Italien und die Antike, für die sie in ihrem familiären und freundschaftlichen Umfeld zahlreiche, allerdings ausschließlich männliche Vorbilder fand. Neben ihrem ältesten Bruder Carl Wilhelm Ferdinand, der 1766 in Italien gewesen war, war dies vor allem ihr jüngster Bruder Maximilian Leopold, der im Herbst 1776 von einer acht Monate währenden Italienreise an den väterlichen Hof zurückgekehrt war. Anna Amalia erhielt die enthusiasmierten Berichte über diese Reise durch ihren Onkel Prinz Ferdinand von Braunschweig

*Zimmerbrunnen aus
Meißner Porzellan
mit Rousseau-
Darstellung,
Modelleur vermutlich
Michel-Victor Acier,
um 1780.*

im Februar 1778 und äußerte daraufhin erstmals selbst den Wunsch,
Italien, vor allem seine antiken Kunstschätze, kennenzulernen. Der an-
tikenbegeisterte Prinz hatte in dem in Wolfenbüttel seit 1770 als Bibliothekar angestellten Gotthold Ephraim Lessing seinen idealen Reisebe-
gleiter gefunden. Die Reise hatte die kleine Gesellschaft bis nach Neapel
geführt, und wahrscheinlich war die Schilderung Neapels besonders
lebhaft ausgefallen. Die Stadt galt nämlich zur damaligen Zeit als sozusagen mythischer Ort, an dem Naturgefühl und Antikenliebe zu einem
gesteigerten Selbstgefühl des jeweils reisenden Individuums, ja zu seiner »Wiedergeburt« führten: Neapel war damals für jeden Italienreisenden so etwas wie das Paradies auf Erden.[4] Gewiß wird Prinz Ferdi-

nand von den ungeheuren Mengen an italienischen Büchern berichtet haben, die Lessing 1775 für die Herzog August Bibliothek in Italien erworben hatte. Es handelte sich vor allem um zeitgenössische Werke über Kunst und Literatur in italienischer Sprache.

Doch vom Wunsch bis zur Verwirklichung der Italienreise sollten zwölf Jahre ins Land gehen. Anna Amalia mußte mehr noch als bürgerliche Frauen Vorurteile gegenüber reisenden Frauen geduldig ausräumen. Man argwöhnte sittliche Gefährdung und unkontrollierte Freizügigkeit, wenn eine Frau reisen wollte. In ihrem Falle kamen die Bedenken der Weimarer Bürger hinzu, die eine solche Reise für ein großes Gesundheitsrisiko hielten; und schließlich – wahrscheinlich der wichtigste Grund – war eine Italienreise für eine Standesperson immer sehr kostspielig, denn eine Herzogin hatte sich auch auf Reisen mit einem angemessenen Hofstaat zu umgeben.

Winckelmanns Hauptwerke *Gedanken über die Nachahmung der griechischen Werke in der Malerei und Bildhauerkunst* (1755), *Geschichte der Kunst des Altertums* (1764) sowie die *Monumenti antichi inediti* (1767), und mit Sicherheit auch seine Briefe, die ein Jugendfreund des Gelehrten, der Weimarer Rat Hieronymus Dietrich Berendis, der Herzogin hinterlassen hatte, schürten Anna Amalias Begeisterung.[5] Ihr Interesse an Italien war auf die Musik und die Kunstbetrachtung vor allem der römischen und griechischen Antike gerichtet.

Doch war die Italiensehnsucht gegen Ende des 18. Jahrhunderts auch so etwas wie eine Mode unter Gebildeten und Wohlhabenden. Anna Amalias geliebter Bruder Friedrich August zu Braunschweig und Lüneburg-Oels, den wir als Leser italienischer Literatur bereits im 2. Kapitel kennengelernt haben, war ihr ebenfalls verfallen. Als 18jähriger hatte er ein vielfach gelobtes und 1764 in Mailand veröffentlichtes Werk in italienischer Sprache verfaßt, *Riflessioni critiche sopra il Carattere e le Gesta d'Alessandro Magno, Rè di Macedonia*, auch übersetzte er zahlreiche italienische Dichtungen und Komödien. In Anna Amalias Briefwechsel mit ihm, der zum Teil in italienischer Sprache oder mit italienischen Einsprengseln geführt wird, spielen besonders nach der Italienreise die Themen Italien, die italienische Sprache und die Antike eine zentrale

Rolle. Friedrich August selbst konnte Italien allerdings nie mit eigenen Augen sehen.

Auch Wieland, nach Beendigung seiner Aufgabe als Erzieher der Prinzen der Herzogin freundschaftlich verbunden, förderte ihr Interesse an der Antike. Und Prinz August von Sachsen-Gotha-Altenburg (1747-1806), der zu den glänzendsten Besuchern der Weimarer Hoffestlichkeiten gehörte, konnte sogar von zwei Italienreisen berichten, die ihn sowohl nach Rom als auch nach Neapel geführt hatten – mit diesen beiden Zielen ist Anna Amalias spätere Reiseroute im wesentlichen beschrieben. Ebenso hatte Legationsrat Johann Carl Albrecht, ein ehemaliger Lehrer der Prinzen, 1778/79 eine Reise nach Rom und Neapel unternommen. Bei der Vermittlung der italienischen Sprache und Kultur kam schließlich dem seit 1775 für die Herzogin als Bibliothekar tätigen Christian Joseph Jagemann (1735-1804) eine Schlüsselrolle zu. Er hatte die bei weitem umfangreichsten Italienerfahrungen aller Genannten aufzuweisen, war er doch im Alter von 20 Jahren auf abenteuerlichen Wegen nach Italien gegangen, um dort 17 Jahre lang zu leben.

So war es keineswegs nur das Beispiel Goethes mit seiner Italienreise 1786-88, das Anna Amalia zur Nachahmung verführte. Jedoch war sie unmittelbarer Auslöser. Auch Johann Friedrich Hugo von Dalberg, der Bruder des Erfurter Statthalters, ein Musikliebhaber, machte sich zur selben Zeit wie Anna Amalia mit seiner Geliebten Sophie von Seckendorff sowie mit Johann Gottfried Herder auf den Weg in den Süden. Im übrigen war Anna Amalia mit ihrer Unternehmung nicht die letzte in Weimar: Unmittelbar auf ihren Spuren und mit Empfehlungsbriefen der Herzoginmutter versehen trat Henriette von Egloffstein mit ihrem Gatten 1791/92 ihre Italienreise an.

Schon vielfach zuvor war Anna Amalia gereist, doch diese Reisen hatten sie über den deutschen Kultur- und Sprachraum nicht hinausgeführt; erwähnt wurden Besuche in Braunschweig, doch meist bereiste sie Mitteldeutschland. Am häufigsten kam sie nach Gotha, Jena, Erfurt sowie nach Eisenach, und 1778 hatte sie die von allen Reisenden des 18. Jahrhunderts so geliebte Rheinlandschaft sehr bewundert. Nun aber sollte etwas grundsätzlich anderes stattfinden, sollte sie die Alpen über-

*Anna Amalia von Sachsen-Weimar-Eisenach, Landschaft mit Haus und Baumgruppe. Pinsel in Grau, z.T. über Kreide, gezeichnet mit Feder in Braun und aquarellierte Umrandung, 1776/77.*

queren und mit eigenen Augen den arkadischen Süden kennenlernen dürfen.

Christian Joseph Jagemann übernahm neben der Verwaltung und Katalogisierung der ca. 5000 Bände umfassenden fürstlichen Privatbibliothek auch die Aufgabe, Anna Amalia zur Vorbereitung der Reise in die italienische Sprache einzuführen. Die sprachbegabte Herzogin sah ihren Bibliothekar zu diesem Zweck immer am Morgen und las mit ihm italienische Autoren.[6] Jagemann gab in Weimar eine Zeitschrift in italienischer Sprache heraus, die *Gazzetta di Weimar* (1787-1789), die politische, literarische und kirchliche Themen behandelte, ein Zeichen dafür, daß die italienische Kultur große Wertschätzung erfuhr. Ein weiteres Werk des vielseitigen und vielschreibenden Jagemann wurde in diesen Jahren vorbereitet: Das zweibändige *Dizionario italiano-tedesco e tedesco-italiano*, das in Weißenfels und Leipzig 1790/91 erschien. Es war das zur damaligen Zeit am meisten verbreitete zweisprachige Wörterbuch des Italienischen. Anna Amalia hat das Werk vielfach verschenkt.[7]

Hinzu trat der immer willkommene Erwerb neuer Bücher, diesmal italienischer: Schon ab 1775 hatte Jagemann der Herzogin über seine Verbindungen nach Florenz zum Buchhaus Cambiagi und nach Mailand geholfen, italienische Bücher zu bestellen, so daß im Laufe der Jahre in Weimar eine der umfangreichsten Spezialbibliotheken italienischer Literatur im Besitz einer protestantischen Fürstin entstehen konnte.

Nach ihrer obervormundschaftlichen Regierung konnte Anna Amalia mit großem Genuß all diese Bücher lesen, sie hatte jetzt Zeit dafür und betrieb mit der intensiven Vorbereitung auf die Reise nach Italien ab 1780 so etwas wie ein Privatstudium. Dazu schrieb sie aus den Büchern manchmal ganze Passagen ab, um sie sich besser einzuprägen. Oder sie fertigte Notizen an; eine Fülle von diesen sogenannten »Lektürenotizen« sind in Anna Amalias Nachlaß nachgewiesen. Mit deren Hilfe betrieb sie nach der Reise auch die Nachbereitung ihrer Erfahrungen.

Durch dieses Studium konnte Anna Amalia, die ja mit nur 36 Jahren in eine Art »Rente« gegangen war, ihre Lebenszeit sinnvoll füllen. Und sie konnte sich in ihrem gelehrten italophilen Kreis in Weimar natürlich um so fachkundiger über ihre neuen Lieblingsthemen Italien und Antike austauschen.

# HERZOGIN ANNA AMALIAS REISE
## NACH ITALIEN

### 1788-1790

Anna Amalias Reise als verwitwete Fürstin im Alter von mittlerweile 49 Jahren stellt in der Geschichte der Italienreisen von Deutschen im 18. Jahrhundert wie im Leben der Herzogin einen singulären, untypischen Fall dar. Für die Herzogin war sie eine einzigartige Erfahrung, eine Art von Wiedergeburt unter südlichem Himmel. Die annähernd zweijährige Reise ist auch für uns wegen der Fülle und Authentizität der Texte ein großer Glücksfall – aus keiner Epoche im Leben Anna Amalias sind derartig aussagekräftige Dokumente überliefert.

Durch ihre vorausgereisten Freunde verfügte Anna Amalia über eine reichhaltige italienische Adreßkartei. Die Herzogin konnte nach ihrem Eintreffen sofort Visiten im Adels- wie im Künstlermilieu vereinbaren, in Rom im Vorfeld eine Wohnung anmieten und sich eines römischen Helfers, Filippo Collina, versichern. Goethe hatte ihn ihr als Quartiermacher und Unterhändler für die Reise im italienischen Sprachraum während seines Aufenthalts in Rom vermittelt, um die Herzogin vor der in Italien damals üblichen Ausbeutung unerfahrener ausländischer Reisender zu schützen. Er selbst wollte dem dringenden Wunsch der Herzogin, die Reise mit ihr gemeinsam anzutreten, so kurz nach der eigenen Rückkehr aus Italien nicht nachkommen.

Ein weiterer Vorteil war, daß sich kurze Zeit zuvor die Reisemöglichkeiten gerade für Frauen deutlich verbessert hatten: Die Kutsche war zu einer Art »Heim auf Rädern« geworden, in dem die reisende Standesperson die unerläßlichen Teile auch des Hausrats (so führte Anna Amalia die eigenen Bettgestelle und das Bettzeug mit) verstauen konnte. Sie hatte zwei Reisewagen und eine Chaise eigens aus Prag geordert, die nach ihren Bedürfnissen umgebaut worden waren.

Schließlich hatte sich auch die Reiseführerliteratur so entwickelt, daß die notwendigen Kenntnisse, die die Besichtigung einer fremden Stadt erst lohnenswert machen, nicht mehr selbst in Erfahrung gebracht werden mußten.

Gleichwohl herrschten nach wie vor Ängste und Mißtrauen gegenüber räuberischen Anschlägen in Italien, klimatischen und hygienischen Widrigkeiten und den gesundheitlichen Risiken. Gerade in diesem Punkte mußte sich Anna Amalia starken Widerständen der Weimarer Bevölkerung entgegenstellen, hatte sie doch erst 1786 eine schwere Krankheit überstanden. Sie entschloß sich daher, den jungen Weimarer Mediziner Huschke auf eigene Kosten promovieren zu lassen und als Leibarzt mit auf die Reise zu nehmen. Außerdem verfaßte sie für alle Fälle ein Testament.

Sie bezahlte die Reise vollständig aus ihrer eigenen Schatulle. Am Ende waren das 65 145 Taler und 11 Gulden, etwa 41-46 Jahresgehälter eines der höchsten Weimarer Beamten, wie Herder oder Goethe es waren.[1] Der Grund für die hohen Kosten: die Reisegesellschaft bestand aus neun Personen; vermutlich war das in den Augen Anna Amalias das Minimum an nötigem Aufwand.

Die Herzogin schadete ihrem Land durch ihre Abwesenheit wirtschaftlich, war sie doch als Kundin und Auftraggeberin von Handwerkerleistungen für Weimar ein wichtiger Wirtschaftsfaktor: ein weiterer Grund dafür, daß man sich in Weimar nicht über ihre Abenteuerlust freute.

Von all diesen Vorbehalten ließ sich die Herzogin jedoch nicht beirren und betrieb eifrig ihre Vorbereitungen. Luise von Göchhausen schildert die neunköpfige Gruppe in ihrem 95 Blatt (zweiseitig beschrieben, dazu ein eingelegtes Blatt) umfassenden Reisetagebuch:[2]

»Am 15ten Aug. 1788 früh um 6 Uhr reisten wir aus Weimar aus. Die Gesellschaft bestand aus Durchl. der Herzogin, H. von Einsiedel und mir, in dem ersten Wagen; in dem zweiten befanden sich die Kammerfrauen Musculus und Roth(in), Herr Kayser und Medicus Huschke. Der Koch Goulon fuhr in einer Chaise voraus und Collina ritt.«

Herr Kayser war der Komponist Philipp Christoph Kayser, der auf Wunsch der Herzogin und auf Empfehlung von Goethe mitreiste. Er kannte Italien und sollte für die musikbegeisterte Herzogin auch in Zeiten der ausgedehnten italienischen Opernferien ein musikalisches Programm veranstalten, doch konnte er sich in die vertraute Gruppe nicht recht einfügen und verließ sie daher schon in Bozen.

Die Reise verlief über Innsbruck, Bozen, Verona, Mantua, Cremona und Mailand, wo die Herzogin eine eingehende Besichtigung der Ambrosianischen Bibliothek und ihrer Petrarca-Handschriften vornahm. Am 13. September reiste sie mit ihrer Suite über Piacenza nach Parma, um am 15. September in Modena die Bilder von Correggio zu betrachten, die großen Anklang bei allen fanden. Bologna wurde am 16. September erreicht. Hier schlug Dr. Huschke einige Tage Ruhepause zugunsten der herzoglichen Gesundheit vor, und Einsiedel nutzte die Gelegenheit, Goldonis Werke zu erwerben. Sodann überquerte man den Apennin und erreichte am 21. September Florenz. Die Herzogin besuchte hier erstmals auf italienischem Boden die Oper. Ebenfalls wichtig waren ihr die Besuche im Palazzo Pitti und Palazzo Riccardi, wo sie vor allem Luca Giordano in Augenschein nahm. Am 27. September steuerte die Gruppe Pisa an, es folgten Livorno und Poggibonsi, am 1. Oktober Siena, dann Radicofani, Viterbo und der Bolsenasee, bis schließlich am 4. Oktober 1788 Rom, das erste Hauptziel der Reise, erreicht wurde. Die Herzogin reiste unter dem Pseudonym einer Gräfin von Allstedt, ihre Gepäckstücke trugen jedoch das herzogliche Wappen, so daß sich ihre Identität bald herumsprach.

Wohnung nahm sie zunächst im Haus der Donna Margharita auf der Piazza di Spagna, wo sich noch am selben Abend Herder als Besucher einstellte, im Schlepptau Hofrat Johann Friedrich Reiffenstein, den wohl berühmtesten Rom-Führer aller Zeiten, der auch Goethe schon geführt hatte.

Neugierig stürzte sich Anna Amalia in das detailliert geplante Besichtigungsprogramm, an dem die Chronistin Göchhausen gelegentlich aus Krankheitsgründen nicht teilnehmen konnte, so am 7. Dezember 1788, als die Herzogin bei der Prinzessin Altieri eingeladen war: »Ich ging nicht aus weil ich nicht ganz wohl war. Bury, Schütz und Verschaffelt kamen zu mir.«[3]

Der erste Rom-Tag führte die Herzogin in das Pantheon und die Pe-

terskirche. Die Zufriedenheit der Herzogin, endlich in der ewigen Stadt zu sein, wurde alsbald auch nach Weimar vermeldet. Die Göchhausen berichtete am 1. November voll Enthusiasmus in einem Brief an Goethe: »Das Willkommenste, was ich Ihnen sagen kann, ist, daß sich unsere Fürstin gesund und froh befindet, und daß sie mit wahrem inneren Anteil das Vortreffliche sowohl in der Kunst als Natur hier genießt. … Gestern hatten wir einen Nachmittag, wie Gott selbst einem wenige schenken kann; wir waren zum ersten Mal in den Kaiserpälasten und sahen alsdann über dem alten und neuen Rom und der ganzen, großen Pracht der Gegend umher die Sonne untergehen. …«[4]

Auch die zeitgenössischen deutschrömischen Künstler Friedrich Bury, Johann Georg Schütz, Johann Heinrich Lips und Maximilian Verschaffelt wurden von Anna Amalia bald regelmäßig nach Hause eingeladen, sie hatten eine Empfehlung durch Goethe erhalten.

*Johann Georg Schütz d. J., Reisegesellschaft im Park der Villa d'Este in Tivoli. Aquarell auf Papier, 1789.*

Anna Amalias erster Besuch bei der berühmten Angelica Kauffmann und ihrem Mann Antonio Zucchi hatte indes bereits am 8. Oktober stattgefunden. Die Malerin, die zuvor schon einen Freundschaftsbund mit Goethe geschlossen hatte, genoß jetzt die Anwesenheit der kunstbegeisterten Weimarer Gruppe. Schnell freundeten sich die Frauen an, auch Herder und Luise von Göchhausen waren begeistert von Angelicas »schöner Seele«, und man beschloß, sie solle die Herzogin malen. Das Freundschaftsideal, das die Kauffmann beseelte, faszinierte auch die Herzogin, denn es spiegelte ihre eigenen sozialen Ideale wider. So plante man bald gemeinsame Ausflüge, der berühmteste, nach Tivoli, ist auch im Bild festgehalten worden: Deutlich erkennt man, wie Herder der im Gras lagernden Gesellschaft aus Goethes *Tasso* vorliest. Doch unterschied sich der Salon, den die Künstlerin in Rom führte und in welchem man sich, ganz wie in Weimar bei der Herzogin, traf, einander vorlas und sich gegenseitig künstlerisch inspirierte, auch von dem in Weimar und sollte für die Zukunft vorbildhaft sein: Er war weitaus internationaler und durch eine stärkere Fluktuation gekennzeichnet – man lernte einander kennen, befreundete sich rasch und nahm voneinander, wenn der betreffende Gast wieder abreiste, tränenreichen Abschied, um sich dem nächsten Ankömmling intensiv zuzuwenden, mit den Abgereisten jedoch äußerst gefühlvolle Briefe zu wechseln.[5] Berühmt ist Angelica Kauffmanns Brief an Goethe nach dessen Abreise aus Rom:

»Ihr Abschied von uns durchdrang mir Herz und Seele, der Tag Ihrer Abreise war einer der traurigen Tage meines Lebens. ... Nun dank ich Ihnen herzlich für Ihr Schreiben aus Florenz, welches ich mit größtem Verlangen erwartet: Mir träumte vor ein paar Nächten, ich hätte Briefe von Ihnen empfangen, und war getröstet und sagte, es ist gut, daß er geschrieben. Sonst wäre ich bald aus Wehmut gestorben. ...«[6]

Am 3. November erfolgte die erste von mindestens drei bezeugten Sitzungen für das im Original leider verschollene Porträt der Herzogin,[7] das die Kauffmann 1789 vollendete und das für die Selbstinszenierung der Herzogin zentral werden sollte. Die Kopie von Josef Rolletschek (1859-1934), entstanden 1928, zeigt deutlich den oftmals als »verschönend« beschriebenen Stil der Malerin: Eine verjüngte Herzogin ist sitzend in einem langen, weißen, locker fallenden Kleid im griechischen Stil und mit einem die Locken nur flüchtig bedeckenden hellen Schleier dargestellt. Auf ihren Knien liegt ein Buch von Herder, der sich inzwischen der herzoglichen Reisegruppe angeschlossen hatte und, wie auch die im fernen Weimar weilende Caroline Herder, in den Freundschaftsbund der Kauffmann aufgenommen worden war. Zur Rechten Anna Amalias sind ein Tisch mit Papierrolle, wahrscheinlich eine Landkarte, erkennbar, ein weiteres Buch und ein Notenblatt. Rechts ragt in das Bild eine überlebensgroße Porträtbüste der Pallas Athene, die sich zur Herzogin herabneigt. Die Szenerie des Bildes ist eine durch einen Pfeiler begrenzte, nicht deutlich definierte Architektur, vielleicht ein Balkon oder eine Loggia. Der Blick wird auf die römische Stadtlandschaft mit dem Kolosseum in der Ferne gelenkt.

Das Bild ist eine interessante Variante des üblichen Herrscherporträts, es zeigt Attribute, die auf Anna Amalias Umdeutung der eigenen Person zur »Kulturbotschafterin« verweisen: Buch, Stich, Notenblatt, die Athene und das Kolosseum sind Symbole für die wichtigsten Interessensgebiete der Herzogin, Literatur, Kunst, Musik und die Antike. Hinzu kommt die bereits angesprochene Selbstidentifizierung mit Pallas Athene, der Schutzgöttin der Wissenschaften und Künste. Mit diesem Bild haben wir auch das Reiseprogramm des Italienaufenthalts in nuce vor uns.

Die Herzogin war dem Weimarer »normalen« Leben deutlich entrückt, und allein während ihres Italienaufenthalts konnte sie sich von den drängenden politischen Sorgen befreien. Manchmal war die Reisegruppe geradezu ausgelassen und erfreute sich an fast kindlichen Späßen. So versuchte der Kammerherr von Einsiedel einmal über ein niedriges Wasserbassin zu springen, fiel dabei aber ins Wasser, was von der Reisegruppe mit schallendem Gelächter quittiert wurde. Vielleicht ist genau diese Unbeschwertheit der Grund für die Neu- oder Wiedergeburt, die die Reise für Anna Amalia bewirkte.

Noch vor Weihnachten mußte sich die Herzogin allerdings auf mehrere festliche und sie ehrende Ereignisse vorbereiten. Am 23. November hatte sie eine persönliche Audienz bei Papst Pius VI. Luise von Göchhausen berichtet Goethe am Tag vor dem Ereignis:

»Der Herzogin geht's wohl, und sie genießt mit wahren inneren Anteil. Sie hat dabei den schönen Genuß noch nebenher, geliebt und geschätzt zu sein, und noch nie ist wohl, nach Aussage aller, die es wissen können, einer teutschen Fürstin so in Rom begegnet worden. ... Morgen ist der große Tag, wo die Herzogin dem Heiligen Vater vorgestellt werden wird. Sie hat diesem Schritt nicht entgehen können, da sie selbst vom Papst ausgezeichnete Distinktionen erhalten hat, und dieses als eine Art Höflichkeit ihrerseits angesehen wird. Bei verschlossenen Türen wird sie allein, ohne Dame, beim Papst im Zimmer sein und ihr Gefolge im Vorzimmer bleiben.«[8]

*Mosaik des Konstantinsbogens in Rom mit Wappen von Papst Pius VI.*

Dem Tagebuch vertraut die Herzogin fast unehrerbietige Worte über den Besuch an, der ihr das vom Papst verehrte Mosaik aus den Vatikanischen Werkstätten mit dem Konstantinsbogen bescherte: »Den 23. November wurde ich an den Papst präsentiert, den Abend. Es war ein komischer und theatralischer Aufzug. Es war mich nicht anders zumute, als wenn ich zum Heimlichen Gericht sollte geführt werden.«[9]

Auch am 4. Dezember 1788 ließ sich Anna Amalia besonders festlich ankleiden, denn sie wurde wie zuvor auch schon Goethe in die römische Accademia Arcadia aufgenommen. Hierbei handelte es sich wahrscheinlich um eine Ehrenpflicht seitens der Akademiker, geistlichen Herren und anderen Honoratioren, die längst wußten, wer die angebliche Gräfin von Allstedt war. Möglicherweise hatte auch Goethe das Terrain für die Aufnahme geebnet, indem er die Verdienste Anna Amalias um Kunst und Wissenschaft gerühmt hatte. Die Herzogin im Tagebuch:

»Am 4. Dezember wurde ich zum Mitglied der Arkadischen Akademie gemacht. Mir war es nicht anders zumute als wie ein nasser Pudel.«[10]

Die offiziellen Termine mißfielen der Herzogin, sie wollte sich lieber, wie schon in Tiefurt beim »Rustizieren«, der Etikette entziehen. Noch

*Porträt Anna Amalias, im Hintergrund das Kolosseum. Von Joseph Rolletschek
nach einem Gemälde von Angelica Kauffmann.*

im Rückblick urteilte sie über die römische Gesellschaft: »In ihren Gesellschaften oder so genannten *Conversazione* geht es sehr steif und langweilig zu. Die mit Schmuck beladenen Damen sitzen im Kreise an den Wänden herum, indes die *Cardinäle, Prälaten* u. *Abate* sich in der Mitte des Zimmers wie ein Bienenschwarm herumwirbeln. Jede Dame hat einen Schwarzrock zur Seite, der entweder ein Liebhaber oder ein alter Freund ist, und unterhält sich mit ihm. Ein allgemeines Gespräch ist da nicht möglich. Jeder spricht mit seinem Nachbarn. Was man im allgemein hört, ist ein verwirrtes Getöse.«[11]

Weder die sittlichen und religiösen noch die gesellschaftlichen Gepflogenheiten in Rom wurden von Anna Amalia gebilligt, die das offene Gespräch suchte und es nicht mochte, daß der Klerus die Gesellschaft dominierte. Ihre Einstellung ist dezidiert die einer gebildeten, aufgeklärten protestantischen Fürstin, der die Religion weniger bedeutet als die Philosophie.

Am 12. Dezember besuchte sie die Vatikanische Bibliothek, wo ihr einige »alte Manuskripte« gezeigt wurden, wie die Göchhausen lapidar vermerkt, wie deren Einträge überhaupt nur ein grobes Gerüst der Erlebnisse des Italienaufenthalts Anna Amalias vermitteln.

Wesentlich anschaulicher sind demgegenüber die Briefe Anna Amalias – und auch die der Hofdame – sowie die Aufzeichnungen der Herzogin in Form eines allerdings nicht alle Stationen überliefernden »Reisejournals« in drei Heften sowie die sogenannten »Briefe über Italien«, die unter Zugrundelegung des Reisejournals 1796/97 von Anna Amalia verfaßt wurden. Deren fiktive Adressatin ist ihre »liebe Schwester«.[12] Diese Briefe wirken jedoch konventionell, was die Normen der Kunstbetrachtung angeht, denn sie reproduzieren die in gebildeten Kreisen mittlerweile sakrosankten Winckelmannschen Thesen. So werden alle Werke der Antike begeistert wahrgenommen, ein »modernes« Gebäude von der Art des Petersdoms schneidet jedoch eindeutig schlecht ab: »Von da begab ich mich zur *Peters Kirche* voll großer Erwartung, welche durch den Anblick der Colonaden, des Obelisken auf den äußeren Platze und durch die Vorhalle der Kirche noch höher gespannt wurde. Bei meinem Eintritt glaubte ich in ein Labyrinth versetzt zu werden. Meine

Augen irrten hin und her, bald auf colossalische Säulen, bald auf ungeheure Figuren von Heiligen und Päpsten, auf die kostbarsten Arbeiten von Bronze, auf prächtige Grabmähler von feinsten Marmor, auf mosaische Gemälde. Alles setzte mich in Erstaunen; meine Seele blieb aber so kalt, als sie beim Anblick des Pantheons von warmem und erhabenem Gefühl belebt wurde.«[13]

Die berühmte antike Skulptur, der auch von Goethe so gepriesene *Laokoon* in den Vatikanischen Museen dagegen: »Der *Laocon* das Bild des Schmerzens u. der leidenden Natur eines liebevollen Vaters. Diese Wunder der Kunst nach Würde zu schildern, übersteigt meine Kräfte, aber die Liebe und *Humanität,* welche sie denen, die sie selbst sehen, einflößen, habe ich in ihrer ganzen Stärke gefühlt. Sie rufen uns, wie Herder saget, schweigend zu: Blicke in diesen Spiegel, o Mensch; das soll und kann dein Geschlecht seyn.«[14]

Die Naturbetrachtungen der Herzogin sind anschaulich und genau. So heißt es anläßlich eines Besuchs in Tivoli, daß hier »die Natur auf Ihrem Cothurn steht«[15], und über den Park von Tivoli: »Die Felsen, die davon herabhangenden Gesträuche die nackenden Wurzeln, die sich wie Schlangen ineinander winden, das gewaltige Getöse, womit der Strom sich dreißig Ellen hoch in das untere Tal herab stürzt, erregt einen schaudervollen Anblick.«[16] Anna Amalia versteht zu differenzieren, und in Bereichen, in denen sie sich sicher fühlte, wie in der Musik, sind ihre Urteile nicht konventionell.

Am Neujahrstag 1789 um 11 Uhr reist die Herzogin aus Rom ab und kommt in Neapel am 5. Januar 1789 an. Diese Ankunft feiert sie in den »Briefen« so:

»Endlich liebe Schwester bin ich zu *Neapel* angekommen. Wenn man aus der Todesstille des Majästätischen Roms sich auf einmal unter lebhafte fröhliche Menschen versetzt sieht, und die reinste Luft den Lebensgenuß anwehet, wo die größte Fruchtbarkeit zu dem *Benedetto far niente* einladet, sollte man glauben, sich in einer ganz andern Welt zu finden. So sehr ist *Clima* und *Nation* von dem Römischen verschieden, obgleich Rom nicht über 25 teutsche Meilen von *Neapel* entfernt ist.«[17]

*Neapel 89 – 90*

*Anna Amalia von Sachsen-Weimar-Eisenach, Briefe über Italien (Erste Seite der Neapel-Passage).*

Die Gründe für den relativ kurzen Romaufenthalt waren wahrscheinlich einerseits die im römischen Winter widrigen ungeheizten Wohnungen, andererseits die römische Gesellschaft, an der die Herzogin auch nach einigen Wochen keinen Geschmack finden konnte, war doch die ganze Italienreise von ihr als ein Aufbruch in die Freiheit konzipiert worden. Nicht zuletzt lockte sie das neapolitanische Musikleben, das ihr in den leuchtendsten Farben geschildert worden war:

»*Unter den Künsten* ist die Tonkunst wohl die einzige, worin es die *Neapolitaner* weiter als jede andere Nation gebracht haben. Die *Harmonie*, welche hier in der ganzen Natur herrscht, ist hier auch dem Menschen angeboren. Sie lieben die *Musik* leidenschaftlich. … Die größten Tonkünstler waren u. sind aus dem *Neapolitanischen*, z. B. *Leo, Durante, Jomelli, Pergolese, Perez, Porpora,* im *Componiren,* u. in der Singkunst *Caffarelli, Farinelli, Egizielli,* u.s.w.«[18]

Der Neapelaufenthalt dauerte sechs Wochen. Die Herzogin bezog Wohnung in Portici und konnte vom Haus aus die Insel Ischia und den Posilipp sehen. Anna Amalia löste sich jetzt von dem allzu strikten Besichtigungsprogramm, was auch positive Auswirkungen auf die Stimmung ihrer Reisegruppe hatte.

Vom 6. und 12. Januar 1789 ist der folgende Brief des in der Regel auch in Italien mißmutigen Herder an seine Frau in Weimar datiert. Diesmal ist selbst er ausnahmsweise heiter: »Ich bin glücklich in Neapel. Die Reise war beschwerlich … Ich glaube, man vergißt hier die ganze Welt und wünscht mit den Seinigen hier nur zu sehen und zu atmen. Wir wohnen am Meer mit der schönsten Aussicht … O wenn Du mit den lieben Kindern hier wärest! Hier wünsche ich Dich, nicht in Rom; hier ist Gesundheit, Ruhe und Leben, die schönste Welt. Ich glaube es den Neapolitanern, daß, wenn Gott sich eine gute Stunde machen will, er sich ans himmlische Fenster legt und auf Neapel herabsiehet. Auch sehe ich oder fange ich an zu fühlen, wie man ein Grieche sein konnte.«[19]

Später, während des zweiten Neapelaufenthalts, schwelgte Anna Amalia in ihrem Brief an Carl Ludwig von Knebel vom 13. September 1789 in Preisungen der himmlischen Natur rund um die Stadt; wie für viele damalige Neapelreisende war Neapel ihr Paradies auf Erden:

»Wie sehr wünschte ich, daß ich auf Art der Napolitaner mit Allegorien und feinen Sprichwörtern die Schönheit der Natur hier beschreiben könnte, um Ihnen Lust zu machen, sie selbst einmal in Augenschein zu nehmen. Die Napolitaner sagen wohl mit Recht: è un pezzo di cielo caduto in terra!

Könnten Sie nur einen hiesigen Mondenschein sehen, wenn er schöner, als die thüringische Sonne auch in den wärmsten Abenden bei uns untergeht, hier majestätisch hinter dem Vesuv hervortritt, auf der Spitze desselben ruht und die ganze Gegend begrüßt, deren glühender Purpur nur dem neuen Lichte weicht. Der dunkelblaue Himmel, dessen brillantierte Sterne den Mond zu umkränzen und lieblich mit ihm zu tanzen scheinen; die funkelnde Milchstraße mit ihren Millionen Sternen, die, wie der Gürtel der Venus, den ganzen Erdkreis mit Liebe zu umgeben scheint; dieses alles doppelt in dem silbernen Meere widerscheinend, das ruhig und still all das Schöne aufnimmt, womit es rund umgeben ist ...«[20]

Anna Amalia, anders als Goethe, zog Neapel Rom bei weitem vor. Für sie war der rezeptive Genuß wichtig sowie das nicht von höfischen Normen geregelte Zusammensein mit ihr angenehmen Menschen: Dadurch gelang ihre »Wiedergeburt«.

Natürlich machte man sich auch in Neapel sowohl mit dem Adel als auch mit den lokalen Künstlerberühmtheiten bekannt. Schon am 9. Januar besuchte Anna Amalia Philipp Hackert, den Maler und Freund Goethes. Am 14. Januar kam der Komponist Giovanni Paisiello (1740-1816) zu Besuch und brachte zur großen Freude der Herzogin eigene Arien zu Gehör. Am 20. Januar stand der Besuch der Überreste von Pompeji auf dem Programm, der beeindruckendste Kontakt mit der Antike. Am 22. Januar folgte als krönender Höhepunkt der erste Ausflug auf den Vesuv, der seit dem 17. Jahrhundert fast immer in Tätigkeit war, ein obligatorischer Programmpunkt für jeden Neapelbesucher.

Der wichtigste Mensch jedoch, den die Herzogin in Neapel kennenlernte, war neben der Königin Maria Carolina, einer Tochter Maria Theresias, der Erzbischof von Tarent, Giuseppe Capecelatro (1744-1836). Er hatte in seiner Amtszeit als Erzbischof die Erzbischöfliche Bibliothek zu Tarent gegründet, indem er seine persönliche Bibliothek gestiftet hatte. Diese Tat verband ihn sicherlich auch mit Anna Amalia. In der Folge sah die Herzogin Capecelatro fast täglich. Alle deutschen Italienreisenden preisen ihn weit über die Jahrhundertgrenze hinaus wegen seiner Bildung und Liebenswürdigkeit, wegen der paradiesischen Lage und Einrichtung seines Palazzo und seiner Gastfreundschaft. Anna Amalia widmet ihm in ihren »Briefen über Italien« ein ausführliches Porträt:

»Dieser Mann, welcher sich vorzüglich durch Verstand und Edelmut vor allen, die ich von seiner *Nation* in *Italien* gekannt habe, auszeichnet, stammt aus einer der ältesten adligen *Familien* des Königreiches die sich *Capece* nennet. … Dieser verehrungswürdige Mann besitzt die seltene Gabe, Verstand und Herz in gehörigem Gleichgewicht zu erhalten, u. ist mit allen den Eigenschaften begabt, welche das gesellige Leben u. den Umgang angenehm u. lehrreich machen, u. wird daher von jedermann geliebt u. hochgeschätzt. Als Erzbischof nimmt er gleich einem liebreichen Vater den innigsten Anteil an dem Wohl der ihm anvertrauten Gemeinden, die ihn beinahe anbeten. Er hat eine scharfsichtige Beurteilungskraft, die mit einer in diesem Lande ungewöhnlichen Freiheit im Denken verbunden ist. Sein feiner und gefälliger Witz, welcher nicht aus *Egoismus* entspringt und daher niemand beleidigt, macht seinen Umgang sehr liebenswürdig, welchen er auch durch artige *Poesien*, die ihm in jedem *Moment* zu Gebote stehen, und durch ein vorzügliches Talent zur Tonkunst, aufzumuntern imstande ist. – Er ist ein warmer Freund seiner Freunde; er liebt was edel ist, und sucht es allenthalben zu verbreiten; kurz, er leuchtet wie ein seltenes *Phänomen* unter seinen Landsleuten hervor. Wie schmeichelhaft ist es nicht für mich, diesen trefflichen Mann meinen Freund nennen zu können, und mit ihm in fortdauerndem Briefwechsel zu stehen!«[21]

Diese Lobeshymne auf einen Menschen ist innerhalb der von Anna Amalia überlieferten Dokumente einzig. Auch die Bezeichnung »Freund« für einen Mann findet sich, wie bereits erwähnt, nicht oft, und dies in einem Zeitalter, in dem die Freundschaft fast noch mehr galt als die Liebe.

*Franz Graf von Pocci, Giardino di Villa Malta, vom Küchengarten aus gesehen.*
*Bleistift, aquarelliert, zwischen 1832-1851.*

Trotz der intensiven glücklichen Tage in Neapel – die Göchhausen vermerkt seinen Besuch so gut wie jeden Abend, und immer heißt es, der Erzbischof bleibe »spät« – hielt die Herzogin an ihrem ursprünglichen Plan fest, die Osterfeierlichkeiten in Rom zu erleben. Die Rückreise erfolgte in drei Tagesetappen, und nun bezog sie mit ihrem kleinen Hofstaat ein wirklich standesgemäßes Quartier, die römische Villa Malta, deren Garten auch praktischerweise an den von Angelica Kauffmann grenzte. Entsprechend konnten die Porträtsitzungen leicht fortgesetzt werden.

Doch wenig später traf die Herzogin eine unerwartete Entscheidung: Sie begrenzte den zweiten römischen Aufenthalt auf vier Monate und reiste am 20. Juni, Herder war mittlerweile nach Weimar zurückgekehrt, erneut nach Neapel. Die Göchhausen begründet diese Entscheidung mit einem ärztlichen Rat: Die Herzogin sollte die sommerliche Hitze in Rom meiden und lieber am Meer leben.

Zunächst wurde wieder eine Villa in Portici bezogen, am 14. Juli jedoch eine Stadtwohnung im Zentrum der Stadt. Es steht zu vermuten, daß der Wunsch nach Intensivierung der Freundschaft mit dem Erzbischof von Tarent ein wichtiger Grund für diesen Entschluß war. Die Enttäuschung folgte leider auf dem Fuße: Capecelatro war nach Tarent zurückgekehrt, nachdem man ihm vorgeworfen hatte, sein Bistum zugunsten der Teilnahme an dem glänzenden Hofleben in Neapel zu vernachlässigen.

*Johann Wolfgang von Goethe, Nächtlicher Vesuvausbruch. Feder mit Tusche und Aquarellfarben, 1787.*

Höhepunkte im August waren für die Herzogin Fahrten nach Ischia und Procida sowie ein kleinerer Vesuvausbruch, der am 19. und 20. August 1789 begann. Am 23. 8. besichtigte sie den Schauplatz, immer noch war der Vulkan aktiv:

»Es war in einer sehr dunklen Nacht, als ich mit einem plötzlichen Krachen auf einmal einen feurigen Strom von *Lava*, der sich in verschiedene kleine Arme teilte, wie aus dem Schlund der Hölle hervorbrechen sah. Wie ein Fluß von leuchtendem Golde strömte er in stolzer Pracht herab, u. riß ohne Schonung alles, was er auf seinem Weg antraf, mit sich fort. Die Lava fließt langsam, u. immer in grader *Linien*; … Man kann sich nichts Erhabners und Erfurchtvolleres vorstellen, als dieses großes Schauspiel der Natur; ein übernatürliches Wesen äußert sich hier in schaudervoller Allmacht.«[22]

Goethe beschreibt in der *Italienischen Reise* einen ähnlichen Ausbruch:

»Die Kunde einer soeben ausbrechenden Lava, die, für Neapel unsichtbar, nach Ottajano hinunterfließt, reizte mich, zum dritten Male den Vesuv zu besuchen. … Man habe auch tausendmal von einem Gegenstande gehört, das Eigentümliche desselben spricht nur zu uns aus dem unmittelbaren Anschauen. Die Lava war schmal, vielleicht nicht breiter als zehn Fuß, allein die Art, wie sie eine sanfte, ziemlich ebene Fläche hinabfloß, war auffallend genug; denn indem sie während des Fortfließens an den Seiten und an der Oberfläche verkühlt, so bildet sich ein Kanal, der sich immer erhöht, weil das geschmolzene Material auch unterhalb des Feuerstroms erstarrt, welcher die auf der Oberfläche schwimmenden Schlacken rechts und links gleichförmig hinunterwirft, wodurch sich denn nach und nach ein Damm erhöht, auf welchem der Glutstrom ruhig fortfließt wie ein Mühlbach. …«[23]

Der Dichter und Naturforscher beobachtet mit naturwissenschaftlichem Anspruch und beschreibt den Vorgang minuziös.

In ihren italienischen Briefen setzt Anna Amalia auch ihrer Begegnung mit Sir William Hamilton (gest. 1803) ein Denkmal:

»Die angenehmste Wohnung besitzt der Englische Gesandte *Hamilton*. Sein Haus hat nicht nur die schönste Lage, die reizendste Aussicht, sondern ist auch ganz nach englischem Geschmack eingerichtet. Was die Annehmlichkeiten desselben noch anzüglicher macht, sind zwei seltene Gegenstände, seine Frau u. sein *Etrurisches Cabinett*. Jene, eine geborene Engländerin, besitzt die ihr ganz eigene Kunst, alle *Attitüden* des griechischen *Kostüms* in ihrer Person vorzustellen, u. ihnen das Leben, welches kein Künstler seinen Werken geben konnte, leibhaftig mitzuteilen; sie bewirkt dieses Zauberwerk durch das einfache Mittel ihres

*Shawls* und ihres schönen Haares. Sein *Etrurisches Cabinet* ist eins der schönsten in Neapel, welches der Besitzer noch täglich vermehrt.«[24]

Schon Goethe war von den »Attituden« der Emma Hart (1761-1815), die von den damals besonders in Neapel so beliebten *tableaux vivants*, den lebenden Bildern, beeinflußt waren, fasziniert gewesen. Anna Amalia fühlte sich durch die Bekanntschaft mit Hamilton und seiner Sammlung inspiriert, nicht nur selbst zahlreiche »etrurische Vasen« zu erstehen, von deren Besitz sie sich für Weimar einen besonderen Effekt, aber auch viele Gespräche erhoffte, sondern sie erdachte sich auch ein ganz besonderes Souvenir und gab es, vermutlich per Brief, bei der erwähnten Lackwarenfabrik Stobwasser in Braunschweig in Auftrag: Einen Serviertisch, auf dessen Tablettplatte ein Porträt Emma Harts, verkleidet als Spinnerin, nach dem Gemälde *The Spinster* von George Romney zu sehen ist. Aufgrund seiner Stilmerkmale kann die Entstehungszeit des Tischs auf 1790 festgelegt werden. Er könnte daher sehr gut in dem großen Frachtpaket gewesen sein, das ca. ein halbes Jahr nach Rückkehr der Herzogin nach Weimar aus Braunschweig bei ihr eintraf.[25]

Diente der erste Neapelaufenthalt der Orientierung über die dortige Gesellschaft – fast jeden Abend wurden Opern oder Theateraufführungen besucht –, so wurde der zweite Aufenthalt stärker durch die Herzogin selbst gestaltet. Die Maler Jacob Philipp Hackert, Maximilian Verschaffelt und Johann Heinrich Wilhelm Tischbein waren inzwischen in Neapel angelangt und konnten im Umkreis des kunstsinnigen Hofs arbeiten.

So entstand das zweite Porträt der Herzogin in Italien, ein kleines Bild im Format 72 auf 54 Zentimeter von Tischbeins Hand. Es ist ganz anders als das nur Monate zuvor gemalte von Angelica Kauffmann: War auf diesem die Herzogin ein jugendlich wirkendes weibliches Wesen im weißen Kleide, waren also die Verjüngung durch das italienische Leben und die Kunst das Thema, ist jetzt eine fast konträre Bildaussage festzustellen, Anna Amalias Alter, ihre Herrscherwürde im Angesicht der Antike. Sie hatte sich gewünscht, daß Tischbein sie vor der Kulisse Pompejis, von der sie unauslöschlich beeindruckt war, male. So stellte er sie auf einem Grabmal der dem Isistempel vorstehenden Priesterin Mamia,

*Anna Amalia in Pompeji. Ölgemälde von Johann Heinrich Wilhelm Tischbein, 1789.*

das erst wenige Jahre zuvor ausgegraben worden war, dar. Das Grabmal hat die Form einer Steinbank oder eines steinernen Throns. Anna Amalias gelbes Kleid mit Schleppe paßt sich der Steinbank an, auch ist der im Profil festgehaltene Gesichtsausdruck fast maskenhaft starr. Man ist geneigt, an eine Entrückung der Dargestellten in die Antike zu denken.

Erstaunlich ist, daß die Herzogin innerhalb so kurzer Zeit zwei derartig unterschiedliche Interpretationen ihrer Person und ihres Status zuließ. Möglicherweise zeugt das zweite Bild von einem in Italien entstandenen Selbstbewußtsein im Angesicht des nahenden Alters.

Neben diesen als »Souvenirs« zu verstehenden Porträts prägten den Aufenthalt die sogenannten »Académies de musique«, die die Herzogin einmal pro Woche veranstaltete: Vorspielabende durch eigens von ihr engagierte hervorragende Sänger und Musiker der Stadt sowie den im Herbst 1789 zur Reisegruppe gestoßenen Sänger Heinrich Grave. Er nahm sich Ende November 1789 aus bislang nicht geklärten Gründen in Neapel das Leben.

Diese Vorspiele fanden vor einem Kreise von etwa 20 bis 25 Personen statt, die Anna Amalia selbst auswählte, ab dem Frühjahr 1790 bereicherten auch Engländer und Franzosen die deutsch-italienische Gesellschaft. Die Kosten spielten für Anna Amalia jetzt offenbar keine Rolle mehr.

*Fächer aus dem Besitz Anna Amalias mit römischen Antikendarstellungen.*

Doch die erstaunlichste Ausweitung einer, was die Reiseziele anging, zunächst sehr klassisch angelegten Italienreise sollte noch kommen: der Entschluß der Herzogin, die Landschaft Apulien kennenzulernen. Eine terra incognita für den europäischen Absolventen einer grand tour, kein Gebiet, auf das bislang ein Reisender seine Blicke gelenkt hätte. Anna Amalia folgte damit einer Einladung des verehrten Erzbischofs Capecelatro, der eine Kompensation für seine Abwesenheit während des zweiten neapolitanischen Aufenthalts schaffen wollte. Für ihn hatte die Herzogin übrigens, wenngleich erfolglos, eine Ehrenstelle am neapolitanischen Hof zu erlangen versucht.[26] Die Absicht des Erzbischofs war es offenbar, der Herzogin Teile der Magna Graecia zu zeigen, da sie sich so von der Antike angesprochen fühlte, er die Gegend gut kannte und selbst zu einem Benediktinerkloster dort, Santa Madonna d'Andria, beste Beziehungen unterhielt. Die Reise wurde spontan beschlossen. Im Reisetagebuch der Göchhausen wird von einer Information über den Reiseplan am 23. Oktober 1789 gesprochen, die Reise selbst begann bereits am 25. Oktober. Die Hofdame vermerkt, daß sie keine Lust zu dieser Unternehmung habe. Als die kleine Gruppe nach Stationen in Avelino, Ariano, Foggia, Cerignola, Canossa in Andria eintraf, war der Erzbischof selbst noch nicht anwesend. Am 2. November kam er schließlich an, um am 7. November, vor der Herzogin, wieder abzureisen, ohne sich förmlich von ihr verabschiedet zu haben. Dem Tagebuch vertraute sie an, aus diesem Grunde Tränen vergossen zu haben.[27]

Fünf Tage verbrachten die Herzogin, ihr Miniaturhofstaat und der Erzbischof in der Abgeschiedenheit eines Benediktinerklosters. Aufgrund der erhaltenen Dokumente kann man jedoch erahnen, wie intensiv die Beziehung zwischen Anna Amalia und Capecelatro gewesen sein mußte: Die Herzogin beklagt im Tagebuch im nachhinein die Abwesenheit einer Person, die, so wie er, ohne Macht auszuüben und egoistisch zu sein, allein sein Gegenüber glücklich machen wollte.[28] Und selbst die sonst so scharfzüngige Göchhausen vertraute ihrem Reisetagebuch an: »Das Scheiden auf ewig von einem Mann wie der Erzbischof: ist eine Art anticipierten Todes.«[29]

Mit der Beschreibung Apuliens enden Anna Amalias »Briefe über Italien«. Die übrigen Monate, die sie bis zur Rückreise im Mai 1790 erneut in Neapel verbrachte, waren ihr offenbar nicht mehr der Darstellung wert, und in der Tat: Mit der Ankunft ihres Neffen Carl August von Braunschweig-Lüneburg und ihrer Schwester Sophie Caroline Marie, der verwitweten Markgräfin von Brandenburg-Bayreuth, im Januar 1790 endete für sie die in Italien gewonnene Freiheit. Erneut begannen die Zwänge der Hofetikette sie einzuengen, hatte sie doch die Pflicht, die Verwandten am neapolitanischen Hof einzuführen und dem Besichtigungsprogramm in großer Runde vorzustehen. Das Gefühl, Herrin ihrer Entschlüsse zu sein, schwand wohl mehr und mehr.

Die verbleibende Zeit nutzte sie zum Einkauf von Kunstgegenständen, Büchern, Musikalien sowie auch Kunstgewerblichem, insbesondere der von ihr besonders geliebten, schon zuvor gesammelten und in Italien auch so nützlichen Fächer. Sie brachte zahlreiche Beispiele sogenannter »Andenkenfächer«, mit römischer Architektur, antiken Mythen oder Vesuvausbrüchen verzierte Faltfächer, mit nach Hause. Darunter ist auch eine Arbeit von Jacob Philipp Hackert, die den Petersdom zeigt, und sogar zweimal ist der »Golf von Neapel« in der Sammlung der Herzogin vertreten: Einmal Hackert zugeschrieben, einmal Tischbein.[30]

Je länger der Aufenthalt Anna Amalias in Italien währte, um so unruhiger drängte man aus Weimar auf ihre Rückkehr. Sie gab sich gelassen, genoß jede Minute dieses einmaligen Freiraums in ihrem Leben und sog das südliche Lebensgefühl ein . Das ermöglichte ihr, sich von Goethes perfektionistischem Anspuch an die »Bildunganstalt Italien« zu emanzipieren.

In Weimar beschloß Carl August schließlich, Goethe der Herzogin bis Venedig entgegenzuschicken, um sie sicher und vor allem bald heimzuholen. Der Dichter mußte fünf Wochen lang auf die Herzogin warten, die erst am 12. April 1790 aus Neapel abreiste, am 15. in Rom ankam und dort noch drei Tage Abschiedscour hielt, bevor sie am 19. April über Loreto, Ancona, Pesaro, Rimini, Bologna, Ferrara und Padua Richtung Venedig reiste, wo sie endlich am 6. Mai eintraf. Der Dichter nutzte die Wartezeit, um seine *Venezianischen Epigramme* zu verfassen. Deren Lektüre im abendlichen Kreise sowie die einiger Proben von Knebels Übersetzung des Properz, die als Vorbild für die *Epigramme* und die *Römischen Elegien* Goethes gelten, notierte die Göchhausen getreulich in ihrem Reisetagebuch für den 7. Mai.[31]

Anna Amalia zehrte bis an ihr Lebensende von ihrer Reise nach Italien.

# ITALIEN IN WEIMAR

## 1790-1805

»Seitdem ich mich nun wieder im Thüringer Lande befinde, ist es mir nicht anders zumute, als erwachte ich aus einem tiefen Schlafe und alle die schönen und glücklichen Tage, die ich in Italien gelebt habe, wären nur ein schöner Traum gewesen. Auch hab ich noch alle Muße, davon zu träumen.«[1]

Voller neuer Eindrücke und Ideen war Anna Amalia am 18. Juni 1790 nach Schloß Belvedere bei Weimar zurückgekehrt (wegen einer Überschwemmung der Ilm war Tiefurt unzugänglich). Der Abschied von Italien war ihr nicht leichtgefallen, sie hatte ihn immer wieder hinausgezögert. Wie würde sie fortan ihr Leben gestalten, wie konnte sie die Italienerfahrung in Weimar umsetzen? Herder, der Italien ja schon zuvor verlassen hatte, hatte ihr pathetische Verse geschickt: »Komme zurück, o Fürstin, und mache den Traum uns zur Wahrheit, Laß uns mit Ton und Gespräch Tiefurt Italien sein!«[2] Er wünschte sich, daß eine produktive Verwandlung der Sommerresidenz Anna Amalias zum Nutzen aller sie umgebenden Italienfreunde stattfinden möge.

Zunächst war die Herzogin fast ausschließlich mit der Vergegenwärtigung der vergangenen Erlebnisse beschäftigt. Sie packte die in Italien erworbenen Kunstgegenstände aus, hängte die vier großen Hackertaquarelle mit den Ansichten des Gartens der Villa d'Este, der Wasserfälle von Tivoli, des Albaner- und des Nemi-Sees in ihren Grünen Salon im Wittumspalais und gab dem Aquarell der Bucht von Neapel von Titto Lusieri den Ehrenplatz über ihrem Schreibsekretär. Und natürlich wurde auch Tiefurt »italianisiert«, es sollte ein Ersatz für den arkadischen Ort Tivoli werden. Im Speisezimmer des Schlößchens wurden Alabasterbüsten der Dichter Dante, Ariost, Petrarca und Tasso – heute nicht mehr vorhanden – aufgestellt. Anna Amalia ließ Gemälde von Angelica Kauffmann zu Themen der Mythologie stechen und hängte sie hier ebenfalls auf. Die zahlreichen Ölgemälde, die heute in Tiefurt zu

sehen sind und Landschafts- und Stadtansichten von Neapel, Pompeji und Rom des vielmalenden Stuttgarters Adolf Friedrich Harper zeigen, stammen hingegen aus dem Nachlaß von Anna Amalias Bruder Friedrich August von Braunschweig-Oels, der 1805 verstarb, also aus einer späteren Zeit. Doch ihre mitgebrachten Porträts von der Hand Tischbeins[3] und Angelica Kauffmanns haben gleich nach der Reise in Tiefurt ihren Platz gefunden, und eines der Tischbein-Porträts befindet sich immer noch dort.

Doch nicht nur für den persönlichen Gebrauch, zur Dekoration und zur Erinnerung hatte Anna Amalia Erinnerungs- und Kunstgegenstände nach Weimar mitgebracht. Zu verschiedenen Gelegenheiten hatte Goethe brieflich gebeten, sie möge Bücher und Anschauungsmaterialien ankaufen, die die Herzogliche Bibliothek ergänzen könnten. So

*Schloß Belvedere, vier Kilometer südlich von Weimar gelegen.*

etwa am 6. Februar 1789, als er vermerkte, daß die »schönen Werke, [die] über Pestum, Neapel, Puzzol pp geschrieben sind«, anzuschaffen seien. Dann bestellte er bei ihr das Kupferstichwerk der Bestände des Museums von Portici, mehrere Mineraliensammlungen, weitere Werke über die Antike sowie eine Kopie des Musikstücks von *Simonelli, Victimae paschale laudes immolent Christianus*, das zu Ostern in Rom aufgeführt wurde.[4] Im Brief vom 17. April dankt er für eine Sendung, warnt sie vor den neapolitanischen Möglichkeiten, viel Geld auszugeben, und legt ihr dafür erneut seine römischen Künstlerfreunde ans Herz: Tischbein, Meyer, insbesondere aber Friedrich Bury.[5] Speziell für dessen Zukunft solle die Herzogin sorgen. Goethe hatte im Sinn, eine Kunstakademie in Weimar zu begründen und dafür die genannten deutsch-italienischen Künstler auf Kosten der Herzogin nach Weimar zu holen.

Dazu kam es aber nicht. Anna Amalia sah keine Notwendigkeit für ein so großes persönliches Engagement. Für sie war vor allem der persönliche Nutzen sowohl im Umgang mit den Künsten wie der Wissenschaft maßgeblich, und diesen, so glaubte sie, konnte sie auch mit geringeren Mitteln erzielen. Zweimal noch schrieb Goethe an die Herzogin, jedesmal war ein wesentlicher Teil des Briefs ein »Wunschzettel«. Am 18. Oktober 1789 wollte er, daß sie die »Werke welche uns mit der Natur, der Kunst, den Altertümern der beiden Sicilien bekannt machen können« anschaffen sollte, der Zweck wird erneut definiert: Sie sollen »dereinst Ihre Bibliothek … zu unserem Troste« bereichern.[6] Am 14. Dezember dann wünschte er sich eine »Mineralien, hauptsächlich Felsenstein Laven und Basalt Sammlung aus Sicilien«[7] und eine ebensolche aus Ischia, zum guten Schluß noch Sämereien aus Italien, die ihm bei »wissenschaftlichen Speculationen«[8] dienlich sein würden. Deutlich wird hier Goethes Bestreben, selbst von der Reise der Herzogin zu profitieren, neues und teures Bildungsmaterial zu erhalten, wobei er sein Interesse nicht als persönliches, sondern als objektives, der Allgemeinheit dienendes deklariert. Bereitwillig führte Anna Amalia Goethes Bestellungen aus.

Doch auch für sich selbst kaufte Anna Amalia in Italien zahlreiche

Bücher, so daß ihre schon vor der Reise »italophile« Büchersammlung stark erweitert wurde. In den 1790er Jahren besaß sie schließlich unter den privaten Büchersammlungen deutscher Fürstinnen eine der umfangreichsten Italiensammlungen. Zum Vergleich: Die ebenfalls sehr an Italien interessierte Wilhelmine von Bayreuth besaß ca. 290 Italientitel bei einem Gesamtbestand von 1800, Anna Amalia hingegen konnte auf 358 Titel von insgesamt 1762 katalogisierten Werken verweisen.[9] Hinzu kommt der in dieser Sparte auffällig hohe Anteil an Büchern in italienischer Sprache (191), darunter auch italienische Übersetzungen antiker Werke durch italienische Humanisten und Aufklärer, so daß geradezu von einer speziellen Bibliothek der italienischen Aufklärung gesprochen werden kann.[10] Natürlich gingen auch die Werke derjenigen Menschen, die Anna Amalia in Italien kennengelernt hatte, in ihre Bibliothek ein, so die des Aufklärers Ceruti aus Rom, des Naturwissenschaftlers und Vulkanforschers Gioeni aus Neapel, des Gesandten William Hamilton und schließlich die des Erzbischofs von Tarent, Giuseppe Capecelatro.[11]

In der Italienbibliothek der Herzogin überwog die moderne schöne Literatur, es folgten Reisebücher ihrer Zeit, Kunstführer und Biographien. Solche Bücher wurden auch nach der Italienreise angekauft, denn die Herzogin wollte ihre »Briefe über Italien« aus- und dabei ergänzende Informationen einarbeiten.[12] Während ihrer Abwesenheit von Weimar hatte ihr Bibliothekar Jagemann keine weiteren Bücher für sie erwerben können, denn er benötigte bei jedem einzelnen Ankauf ihre persönliche Genehmigung.[13]

Auch die in Neapel mit großem Erfolg durchgeführten »Académies de musique« sollten in Tiefurt und im Wittumspalais fortgesetzt werden. Neben den in Neapel weidlich genossenen Opere buffe etwa von Paisiello, die Anna Amalia in Form von Notenmaterial mitgebracht hatte, hing ihr Herz, wie schon vor der Reise, vor allem an Mozart, und bis 1800 wurden unter Johann Friedrich Kranz, dem von Anna Amalia geförderten Kapellmeister, alle wichtigen Mozart-Opern aufgeführt.

Während des sich länger als geplant ausdehnenden Italienaufenthalts der Herzogin war brieflich ein Plan entwickelt worden, der Anna Ama-

*Der »Grüne Salon«
im Wittumspalais mit
den Italienansichten
Hackerts in Kopie.*

lia zurück in die Residenz ziehen sollte: Kammerherr von Einsiedel, der
ebensoviel Vergnügen wie Anna Amalia an der Planung und Durchfüh-
rung von Musik- und Theaterveranstaltungen hatte, wollte den Herzog
dazu bringen, seiner Mutter die Intendanz für das Hoftheater zu übertragen. Dies sei eine Aufgabe, die ihren Interessen und Fähigkeiten entspräche, und wäre zudem für das Ansehen des Hofs nützlich. Sich selbst
sah Einsiedel als den künstlerischen Leiter bei diesem Projekt, die Herzogin eher in der Funktion einer Oberaufsicht.[14]

Carl August jedoch, der, als die Herzogin zurückkehrte, ebenso wie
Prinz Constantin in der österreichisch-preußischen Koalitionsarmee
diente, entschied nach seiner Rückkehr, daß sein Vertrauter Goethe das
neu errichtete Hoftheater als Intendant übernehmen sollte. Dies war
eine Entscheidung gegen das Dilettantentum und für eine Professionalisierung des Hoftheaters. Die Zeiten des charmanten Liebhabertheaters waren damit vorbei, Berufsschauspieler wurden engagiert, und we-

nige Jahre später sollten die Uraufführungen der großen Schillerschen Dramen in Weimar über die Bühne gehen.

Anna Amalia mußte sich wohl oder übel mit dieser Entwicklung abfinden; sie reagierte mit Rückzug. In einem Brief vom 6. Januar 1792 schrieb sie an ihren geliebten Bruder Friedrich August, sie habe seit ihrem sechzehnten Jahr nur für andere gelebt, doch »in Italien gehörte ich mir selbst«.[15] Etwas von diesem »Sich-selbst-Gehören« wollte sie in die Heimat hinüberretten, entsprechend wurde Tiefurt jetzt mehr und mehr ihre »Eremitage« oder, wie die Herzogin es auf italienisch ausdrückte: »Il mio ritiro di Tifordia«[16], mein Rückzugsort Tiefurt. Sie verlegte sich nun mehr auf die theoretische Beschäftigung mit den ihr wichtigen Wissensgebieten. Höhepunkt ihrer Beschäftigung mit der Musiktheorie ist eine 14seitige Abhandlung über Harmonielehre und eine 1797 entstandene 17seitige musikästhetische Abhandlung, *Gedancken über die Musick*[17], in der sich ihre Vorliebe für die italienische Musik spiegelt. Auch übersetzte sie viel, z. B., ebenso wie Carl Ludwig Knebel und im Dialog darüber mit ihm, zahlreiche Elegien des Properz aus dem Lateinischen ins Deutsche. Knebel dankte ihr dafür, zahlreiche übersetzerische Anregungen von ihr erhalten zu haben, doch bescheiden wies sie diesen Dank zurück. Ihre Properzübersetzung ist in mehreren Fassungen überliefert: in einer Rohfassung, teilweise verbessert, sowie in mehreren Reinschriften. Offenbar kursierten die Texte auch innerhalb des interessierten Kreises der Hofgesellschaft. Weiter übersetzte sie kulturgeschichtliche Texte, die sie vermutlich zuvor exzerpiert hatte, musikalische Texte, Liedtexte etwa von Metastasio, Theaterstücke, kurze Maximen oder sprichwörtliche Texte, und neuere Literatur, zum Beispiel Auszüge aus Rousseau.

Der Umgang mit Texten und Theorien war bei Anna Amalia also nach der Italienreise durchaus kein oberflächlicher, die Herzogin versuchte sich in den unterschiedlichsten Methoden der Aneignung und Auseinandersetzung. Neben der Beschäftigung mit der Musik war nun, dies spiegeln auch die Übersetzungen wider, die Antike in den Vordergrund

*Anna Amalias Übersetzung der 13. Elegie des Properz.*

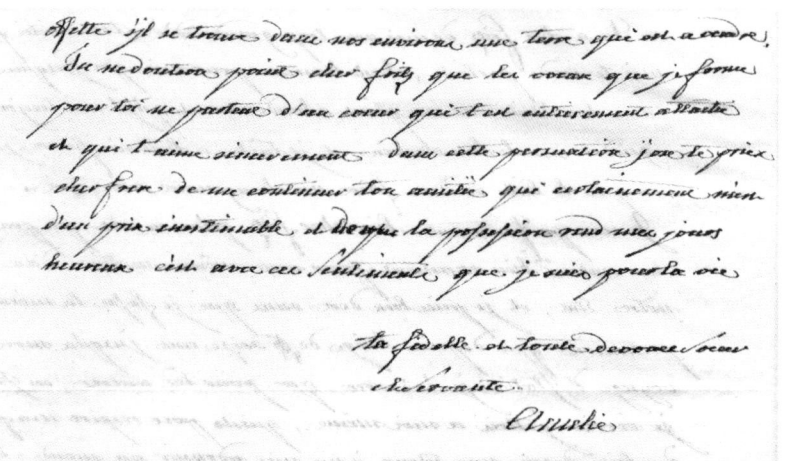

*Abschließende Gruß-*
*formel aus dem Brief*
*Anna Amalias an*
*ihren Bruder*
*Friedrich August.*

ihres Interesses getreten. In einem in italienischer Sprache verfaßten Brief an den Bruder Friedrich August vom 6. Oktober 1792, dem sie offenbar eine eigene Handzeichnung vom jungen Mark Aurel beigefügt hatte, erklärt sie, daß diese Zeichnung vom Bruder nicht als Versuch, ein Kunstwerk zu reproduzieren, begriffen werden solle, sondern als ein »saggio«, ein Versuch, im Zusammenhang mit ihrer liebsten Mußebeschäftigung, nämlich der mit der Antike.[18]

Doch nicht nur mit dem geliebten Bruder wechselte sie Briefe über das einschneidende Italienerlebnis, auch die Korrespondenz mit den in Italien gewonnenen Freunden Hamilton, Angelica Kauffmann und nicht zuletzt Giuseppe Capecelatro hielt an, vermochte die schönste Zeit ihres Lebens in der Erinnerung wachzurufen. Ein Brief aus dem Jahr 1796 steht hier stellvertretend. Herder schreibt dem Erzbischof, und Anna Amalia fügt ein Blatt hinzu, in dem sie zunächst über den langen Krieg klagt. Gegen Ende bekennt sie erneut, ein wie starker Halt bei allen Widrigkeiten, die sie inzwischen erlebt habe, jene »dolce rimembranza«, jene süße Erinnerung an die gemeinsam verbrachte Zeit sei; diese Erinnerung sei auch das festeste Freundschaftsband zwischen ihnen.[19]. Ein Wiedersehen wird jedoch nicht ins Auge gefaßt, war es doch allzu unrealistisch. Im Briefwechsel mit Angelica Kauffmann dagegen kam es zu Plänen für deren Besuch in Weimar, er ließ sich jedoch leider ebensowenig realisieren.

*tepi. Inoltre mi ricordo sovente di quei già svaniti felicissimi momenti, che ora sono gano amareggiati da tanti sinistri eventi. Questa dolce rimembranza è uno dei più forti sostegni della mia vita, ed il più valido legame dell' amicizia, colla quale io sarò sempre La Vostra Amalia*

Neben den genannten Beschäftigungen spielten die mit der bildenden Kunst und den Wissenschaften ab sofort eine wichtige Rolle für Anna Amalia. Ab 1791 fügte sie den bereits existierenden Vorlese- und Konzertabenden die sogenannte »Freitagsgesellschaft« hinzu, deren Regie sie Goethe anvertraute. Jeweils am ersten Freitag im Monat waren Künstler und Wissenschaftler aus dem Weimar-Jenaer Umfeld im Wittumspalais eingeladen, um einen Fachvortrag aus ihrem Arbeitsgebiet zu halten. Die Herzogin konnte hierfür aus einem Fundus illustrer Namen schöpfen: August Wilhelm Schlegel, Friedrich Schiller, Fichte, Schelling und Hegel waren damals in Jena als Professoren angestellt.

Karl August Böttiger beschreibt die Runde vom 4. November 1791 mit seiner üblichen Ausführlichkeit: »Diesen Abend wohnte ich zum erstenmal einer Sitzung der neuen gelehrten Gesellschaft bei, die sich jeden ersten Freitag im Monat bei der Herzogin Mutter versammelt. Diese edle Fürstin widmet all ihre Muße den Wissenschaften und Künsten. Nichts ist ihr fremd, nichts Wissenswürdiges liegt außer ihrem Kreise. Doch ist die *Italienische Sprache*, in die sie unsere Classiker übersetzt und ihren Freundinnen in Rom und Neapel zuschickt, wenn sie es vorher ihrem Bibliothekar, dem Rat Jagemann zur Prüfung vorgelegt hat, die Musik und die Malerei ihr Lieblingsgeschäft. Ihr verdanken nun seit einiger Zeit Weimars denkende Köpfe einen gemeinschaftlichen Versammlungsort in ihrem Palais. Sie ist bei diesen Sitzungen selbst mit ihren zwei Hofdamen, die sie einst auch nach Italien begleiteten, gegenwärtig. Aber auch der regierende Herzog und dessen Gemahlin sind aufmerksame Zuhörer. Dies bringt übrigens bei den Anwesenden nicht den geringsten Zwang hervor. Jeder sitzt, wo er zu sitzen kommt, während das vorlesende Mitglied seinen Platz an einem besonderen Tisch einnimmt. In der Mitte des Saals steht eine große runde Tafel, auf welche die mathematischen Instrumente, Zeichnungen, naturhistorischen Merkwürdigkeiten u.s.w. auf welche die Vorlesenden sich beziehen, hingelegt werden. Ist nun eine Vorlesung vorbei, so steht alles auf, tritt um die Tafel herum, spricht, macht Einwürfe, hört und beantwortet die Fragen des Herzogs und der Herzoginnen, die nun mitten im Zirkel stehen, und nun geht's zu einer neuen Vorlesung, und jeder nimmt wieder seinen Stuhl ein. Da eine Session immer 3 Stunden, von Abends 5 Uhr bis 8 Uhr, dauert, so würde ohne diese kleinen Pausen die Zunge vom Schweigen und der Körper vom Sitzen ermüden.«[20]

Unter anderem berichtete Goethe als »Präsident« der Gesellschaft über das Farbenprisma, Herder folgte mit einem Aufsatz über »die wahre Unsterblichkeit für die Nachwelt«, der Geheime Rat Voigt präsentierte ein Dokument von 1167 aus dem Staatsarchiv und erläuterte die historischen Bezüge, der Botaniker Bartsch sprach anhand von einigen Tierversteinerungen über die Erdgeschichte, der Inspektor der Kunst- und Naturalienkammer in Jena präsentierte einen Blasenwurm in Spiritus, der das »Schafsdrehen« verursache, eine höchst gefährliche Drehkrankheit bei Schafen, vergleichbar dem Rinderwahnsinn, und zum Abschluß referierte der Mediziner Hufeland über optische Phänomene.

Am 2. März 1792 war der Augenblick für die Herzogin gekommen, ihre in Italien erworbenen antiken Vasen als Anschauungsmaterial in die Sitzung des Gelehrtenvereins einzubringen:

»Hierauf las ich [so Böttiger] eine Abhandlung über die *Prachtgefäße der Alten* vor. Sie ist für(s) Modejournal bestimmt, und durch die neue Erfindung von Wedgewood, die Enkaustik der Etrurischen Gefäße täuschend nachzumachen, veranlaßt. Da sehr viel von diesen gemalten Gefäßen die in Etrurien u. Campanien gefunden worden, in meiner Vorlesung vorkamen: so ließ die Herzogin Mutter einige dergleichen echte Antiken aus ihren Zimmern holen, die sie von ihrer Reise aus Italien selbst mitgebracht hat. Ich werde vielleicht künftig über die Gemälde, die sich auf diesen befinden, einige Mutmaßungen vortragen. Da fast die Hälfte der hier anwesenden Gesellschaft selbst in Italien zu Florenz und Portici die schönsten Sammlungen dieser Prachtgefäße gesehen hat: so waren die durch meine Vorlesung entstandenen Unterredungen mir sehr belehrend.«[21]

Es versteht sich, daß unter den anwesenden Italien-Kennern erneut Prinz August zu finden war, der erwähnte Bruder des regierenden Herzogs von Sachsen-Gotha.

Auch zwischen 1791 und 1793 trafen noch Kunstgegenstände aus Italien für die Herzogin ein, griechische und römische Münzen, 19 antike Tongefäße und 11 Majoliken, und ihre Freude am Erwerb von Kupferstichen hielt in dieser Zeit weiter an. Betrachtet man ihre Bestände, so folgen die italienischen mit 625 verzeichneten Exemplaren dicht dem Hauptkonvolut der französischen mit 830. Bei den Handzeichnungen hingegen dominierten auch nach der Italienreise die Niederländer.

Generell hatte die Herzogin bei Kunstankäufen eine Vorliebe für preiswertere Gattungen. Sie hat daher in Italien keine einzige antike Skulptur im Original erworben. Nach 1793 gab sie dann den Erwerb von Kunstgegenständen auf. Die teuren Kupferstichwerke, die sie in Neapel auf Goethes Rat hin erworben hatte, sollten die Anschauung ersetzen. Die naturkundlichen Sammlungen aus Italien waren ihr hingegen nicht so wichtig, anders als Goethe, der immer gerade auch den Zusammenhang zwischen Natur und Kunst gedanklich erfassen wollte.[22]

Die Herzogin hatte sich damit abgefunden, daß sie im Weimar der klassischen Periode keine bedeutende Rolle mehr spielen würde. Ihr Rückzug nach Tiefurt war daher auch ein Rückzug in die zweite Reihe. Es muß, speziell mit Goethe, zu nachhaltigen, nie ausgesprochenen Verstimmungen gekommen sein, deren Reflex in zwei Texten zu finden ist, die Anna Amalia in den Jahren 1795 und 1798 niederlegte, *Das Märchen* und *Traum*.[23] Neben einigen Komödien in italienischer Sprache, der Erzählung *Le Soulier*, Gedichten, den erwähnten *Briefen über Italien*, den Übersetzungen, Lektürenotizen und dem eingangs zitierten autobiographischen Text *Meine Gedanken* stellen diese beiden Texte innerhalb der schriftstellerischen Produktion Anna Amalias insofern etwas Besonderes dar, als sie die einzigen Texte sind, in denen sich Anna Amalia kritisch mit ihren Weimarer Erfahrungen auseinandersetzt: In beiden Texten geht es um eine Stadt, in der große Ansprüche an Wissenschaft und Kunst gestellt werden. Im *Märchen* regiert ein gewisser Arminius das gesellschaftliche Leben. Unschwer erkennt man in dem Kunst- und Naturaliensammler Goethe. Sein einziger Kritiker lebt vor der Stadt als ein Weiser, zurückgezogen und dennoch in freiem Austausch mit ihm Gleichgestellten, während Arminius für sein geselliges Leben eine strenge Auswahl trifft und ebensolche Kunsturteile fällt. Das Märchen schließt mit der Maxime, daß es wichtig sei, Natur und Kunst in wirklicher Anschauung zu kennen, bevor man über beide urteile. Im *Traum* wird ein ähnliches Thema behandelt. Diesmal befindet sich die Autorin und Ich-Erzählerin in einem Tal, das einem Alptraum entsprungen sein könnte: Biber mit Menschengesichtern gerieren sich als Söhne der Musen, ihre Kunstwerke sind jedoch wertlos. Auch hier ist der Anspruch der Biber maßlos, sie halten sich für die wahren Kunstkenner.

Anna Amalia wandte sich mit diesen unveröffentlichten Texten, die sie nur Wieland zu lesen gab, gegen die Kunstkritik ihrer Zeit, deren Protagonisten Goethe und Schiller waren. Sie kritisierte an ihnen ein lebensfremdes Kunstideal, das zu keiner wahren Erkenntnis führen könne, da diese immer an die sinnliche Anschauung gekoppelt sein müsse. Wahrscheinlich hatte sich diese Position bei Anna Amalia seit dem Scheitern ihres Wunschs, die Theater-Intendanz in Weimar zu übernehmen, verfestigt. Anna Amalia sah alle Kunstgattungen, nicht nur das Theater, betroffen von einer Entwicklung, die in ihren Augen ein Niedergang der Kunst war, während Goethe, gerade auch in seinen Gesprächen und Korrespondenzen mit Schiller, eine Professionalisierung und damit Perfektionierung der Kunst allgemein, nicht nur des Theaters, anstrebte. Mit Sicherheit spielte in diesem Zusammenhang auch das Gefühl, isoliert worden zu sein, eine Rolle, das die Herzogin,

*Altersbildnis Anna Amalias. Kupferstich von Steinla nach einem Gemälde von Ferdinand Jagemann von 1806.*

wie dargestellt wurde, schon sehr früh, in der Phase der obervormundschaftlichen Regierung, entwickelt hatte. Nun jedoch, im Alter, trat dieses Gefühl verstärkt bei ihr hervor. An Goethe kritisierte Anna Amalia
zudem dessen ostentativ unpolitische Haltung, die in seiner vorbehalt-
losen Bewunderung Napoleons kulminierte. Mit dem Weisen, der vor
der Stadt lebt, mag sie durchaus sich selbst gemeint haben.

Noch bewußter versuchte sie ihre Lebensumgebung in Tiefurt in den
90er Jahren auszugestalten. Eine Innenraumrestaurierung des Schlößchens ist für 1794 belegt: Die Herzogin ließ – wie schon im Wittumspalais – neue Dekorationen im hochklassizistischen, sie nennt es »demokratischen«, Stil anbringen, auch Tapeten mit Kupferstichbordüren,

147

die römische oder neapolitanische Landschaften zeigten. Tiefurt mit seinem stimmungsvollen Park traf den Geschmack vieler Besucher:

»Noch ein merkwürdiger Lustgarten in der Nähe Weimars liegt bei Tiefurt, dem jetzigen gewöhnlichen Sommeraufenthalt der Herzogin Amalie. Er hat dieser Schöpferin des Schönen ganz sein Dasein zu danken. Die edle Fürstin wohnt in der Nähe des Gartens unter ländlichem Dach und genießt hier mit einigen Auserwählten die würdige gesegnete Ruhe eines schönen, tätigen, verdienstvollen Lebens. Der ganze Garten ist in diesem Geiste. Eine ernste Ruhe und feierliche Stille verbreiten sich über ihn. Er ist einsamer, wilder, romantischer als der Park. Ich möchte sagen: man geht in diesen, um sich zu zerstreuen, in jenen, – um sich zu sammeln.«[24]

Zahlreiche fremde Besucher und Freunde nahmen an der mittäglichen Tafelrunde teil, einer der wichtigsten und beständigsten Gäste, vor allem nach 1801, war Wieland. Nach dem Essen zog sich die Herzogin zurück, die Gäste ergingen sich im Park, gegen Abend beschäftigte man sich mit Musik und Literatur, auch mit den immer noch so beliebten großen Tapisseriearbeiten. Bei gutem Wetter schloß ein Abendspaziergang den Tag ab; bei schlechtem Wetter wurde gespielt, bis das Abendessen, einfach diesmal, aufgetragen wurde. Eine schlichte und doch der Persönlichkeit der Herzogin gemäße Lebensweise.

In Tiefurt hatte Anna Amalia auch einen schweren Schicksalsschlag zu bewältigen: Ihr Sohn Constantin starb im Alter von 35 Jahren am 6. September 1793 im Feldlager in Wiebelskirchen an der Saar an Typhus, auch er ein Opfer des Krieges der preußischen Armee gegen die französische Revolutionsarmee. Bereits beim frühen Tod von vier Enkelkindern hatte die Herzogin tiefe Trauer empfunden, jedoch nach Art von fürstlichen Personen diese Trauer möglichst nicht gezeigt. Jetzt ließ sie von Oeser ein Erinnerungsdenkmal für den frühverstorbenen Sohn planen, wieder war es Klauer, der es gestaltete.

1810 starb im damals fast biblischen Alter von 85 Jahren Anna Amalias Mutter Philippine Charlotte.

1799 entstand auf Anna Amalias Wunsch das erste Mozart-Denkmal Deutschlands, entworfen von Johann Heinrich Meyer; ein Rundtempelchen, den Musen gewidmet, trat 1803 hinzu, 1805 dann das Teehaus im Fachwerkstil.

Eine letzte Gedenktafel ließ Anna Amalia Ende 1803 im Tiefurter Park anbringen: Der neben Wieland wichtigste Gesprächspartner und Vertraute, Johann Gottfried Herder, war im Dezember gestorben. Im Brief an die ihr vertraute Luise von Knebel, geb. Rudorf, vom 3. Januar 1804 fand die Herzogin ungewöhnlich offene Worte: »Der Verlust, den wir hier durch Herders Tod gemacht haben, hat mir ein sehr trauriges und schmerzhaftes Neujahr gegeben. Den unersetzlichen Verlust, den ich durch diesen Tod erfahren, kann ich nicht aussprechen. Sein Geist wird mich hoffentlich noch immer umschweben!«[25]

Wieland lebte ab 1797 ganz in ihrer Nähe, in Oßmannstedt. Wie die Herzogin des Stadtlebens überdrüssig, war er mit 64 Jahren auf das Landgut gezogen und versuchte sich dort als Gemüse- und Obstbauer, Imker, Rinder- und Schafzüchter. Noch im selben Jahr begann er mit der Niederschrift seines großen Alterswerks, des Briefromans *Aristipp*. Doch nur knappe sechs Jahre hielt es ihn in Oßmannstedt. Der Tod seiner Frau Dorothea und zuvor der der Freundin Sophie Brentano beraubten ihn der Stützen seines Alters. Hinzu kam, daß das Gut zu wenig abwarf und er es nicht mehr halten konnte. So zog er zurück nach Weimar und verbrachte die Sommermonate in einer von Anna Amalia für den treuen Wegbegleiter im Dorf Tiefurt gemieteteten Wohnung. Er sollte die, die ihn einst nach Weimar rief, um sechs Jahre überleben.

Doch noch immer kamen jüngere, begabte Künstler nicht nur nach Weimar, sondern auch nach Tiefurt zur Herzogin, die, dies war inzwischen auch über Deutschlands Grenzen hinaus bekannt, den Musen, besonders Literatur und Musik, zugetan war: In den Jahren 1798 bis 1801 weilte der junge Jean Paul Richter in der Ilmstadt, fasziniert von dem inzwischen weit über die Grenzen hinaus berühmten Ruf der Stadt der berühmten Geister. Sein Austausch mit Anna Amalia und ihre aufmunternden Briefe an ihn sind überliefert. Im Winter 1803/04, kurz nachdem Herder gestorben war, empfing Anna Amalia gar eine berühmte Exilantin: Von Napoleon aus Frankreich vertrieben, traf die in Weimar vieldiskutierte Schriftstellerin Madame de Staël mit ihrer kleinen Tochter und ihrem Liebhaber Benjamin Constant im Schlepptau ein, um den inzwischen über die Landesgrenzen hinaus berühmten Hof und die in seinem Umkreis lebenden Geistesheroen Schiller, Wieland und Goethe kennenzulernen. In ihrem berühmten Buch *De l'Allemagne* singt die Französin das Loblied dieser *république des lettres*, mit dem Ziel, dem napoleonischen Regime ein idealisiertes Bild Deutschlands entgegenzustellen. Anna Amalia korrespondierte mit der Französin nach deren Abreise. Die gebildete, schnell denkende und sprechende Staël gefiel ihr, denn »sie weiß zu schätzen, was zu schätzen ist in jedem Menschen«[26], wohlgemerkt: der sich durch seine Kenntnisse oder sein künstlerisches Können vom Mittelmaß abhob.

Doch all diese vorübergehenden Belebungen vermochten nicht auf Dauer das Gefühl des Überflüssigwerdens, Vereinsamens, Übriggebliebenseins abzuwehren, das Anna Amalia mehr und mehr beschlichen haben mag.

Weitere Todesfälle in ihrer Umgebung dämpften ihren Lebensmut: Schillers Tod am 9. Mai 1805 ging ihr gewiß nahe. Daß ihr Lieblingsbruder Friedrich August, mit dem sie sich immer so gerne über Italien ausgetauscht hatte und der sich im September 1805 von seinem ererbten Fürstentum Oels zurückzog, um den Lebensabend in der Nähe seiner Schwester zuzubringen, noch im selben Jahr in Weimar starb – sein Grab findet sich wie das seiner Schwester in der Stadtkirche zu Weimar –, war ein weiterer schwerer Schlag für sie: »Kaum hatte ich den Umgang des geliebtesten Bruders nach einer Trennung von 14 Jahren genossen, so gefiel es der höheren Macht, der wir Alle unterworfen sind, ihn nach kurzem Krankenlager von mir zu trennen.«[27]

Ein freudiges Ereignis war dagegen die Verheiratung ihres Enkels, des Erbprinzen Carl Friedrich, mit der russischen Zarentochter Maria Pawlowna im November 1804. Nicht nur die Tatsache, daß mit der jungen Prinzessin großer Reichtum in Weimar eintraf, sondern vor allem die große Bildung und Kunstbegeisterung Maria Pawlownas, ihr liebenswürdiges graziöses Wesen machten sie, anders als die scheue Schwiegertochter Louise, zur Freude von Anna Amalias letzten Jahren. Luise von Göchhausen schreibt:

»… Diese gute Fürstin lebt nur in ihrer Enkelin, die sie mit kindlicher Zärtlichkeit liebt und auf einem zwanglosen, zutraulichen Fuße mit ihr lebt. Alle Wochen, zuweilen einige Male in der Woche schreibt sie ihr vormittags: Chère Grand'maman, si Vous le permettez mon mari et moi viendrons ce soir souper avec Vous.«[28]

# DAS LETZTE LEBENSJAHR

## 1806-1807

Anna Amalia erlebte im Laufe ihres Lebens zahlreiche Kriege. In ihrem letzten Lebensjahr kam es erneut zu erbitterten kriegerischen Auseinandersetzungen zwischen dem napoleonischen Frankreich und Preußen, an denen auch Carl August auf seiten Preußens beteiligt war.

Als das französische Heer der Stadt im Oktober 1806 immer näher rückte, beschlossen der Erbprinz Carl Friedrich und Maria Pawlowna, dem Wunsch des Zaren und Vaters der Erbprinzessin nachzukommen und die Stadt zu verlassen.

Die entscheidende Schlacht bei Jena und Auerstedt am 11. Oktober führte zu verheerenden Verlusten bei der preußischen Armee; der Einmarsch der französischen Truppen in Weimar stand unmittelbar bevor. Erst auf hartnäckige Bitten ihrer Schwiegertochter Louise verließ auch Anna Amalia mit ihrer Enkeltochter Caroline am 14. Oktober die Stadt. Sie brach zu ihrer letzten Reise auf, die sie in zwei Wochen über Erfurt, Heiligenstadt, Göttingen und Kassel führen sollte. In all den Kriegswirren war es ihr nicht möglich, ihr eigentliches Ziel, Braunschweig, zu erreichen, ein symbolischer Ausdruck dafür, daß diese Nabelschnur, die ihr ein Leben lang Sicherheit geboten hatte, durchtrennt war. Schließlich reiste die Herzogin zurück und traf am 30. Oktober in Weimar ein, die Franzosen waren inzwischen ihrem Regiment weiter nach Westen nachgezogen.

Doch die durch die französischen Truppen geplünderte Stadt bot einen traurigen Anblick. Glücklicherweise war das Wittumspalais unversehrt, lediglich der Weinkeller war geleert, Tiefurt jedoch, der geliebte »retiro«, war teilweise zerstört, eine Wand von einer Kanonenkugel durchschlagen, Zeichnungen und Möbel geraubt. Ein Bild des Jammers zeigte sich der Herzogin, die nicht glauben konnte, daß das mächtige Preußen geschlagen war, das Herzogtum Braunschweig nicht mehr existierte und in einem Königreich von Napoleons Gnaden, Westfalen genannt, aufgegangen war. Zutiefst erschüttert war sie davon, daß ihr ältester Bruder Carl Wilhelm Ferdinand, das Familienoberhaupt, am 10. November 1806 fern der Heimat in Ottensen bei Hamburg an den Folgen seiner Kopfverletzungen, die er am ersten Tag der Schlacht bei Jena und Auerstedt erlitten hatte, starb. Doch begrub sie den Kummer wie immer in sich, wie Carl August es in einem Brief an Madame de Staël, die große Napoleon-Hasserin, beschrieben hat. Carl August verdankte es letztlich dem mutigen Eintreten seiner Gattin Louise, daß er sein Herzogtum behalten konnte: Als einziges Mitglied der herzoglichen Familie war sie nicht aus Weimar geflohen, hatte Napoleon im Schloß empfangen und ihm mehrere Stunden lang auseinandergesetzt, daß Carl August als sächsischer Fürst die Pflicht gehabt hatte, den Anordnungen Kursachsens zu folgen, daß er ein preußischer General sei und überdies mit dem preußischen König verwandt, insofern unmöglich zu Napoleon hatte übergehen können. Napoleon war von der standhaften Louise beeindruckt. Er entschied, daß Carl August sein Land zwar behalten dürfe, jedoch aus der preußischen Armee ausscheiden solle. Wenig später trat der Herzog dem Rheinbund bei.

Nach diesen Ereignissen, die Auswirkungen auf ganz Europa hatten, war nichts mehr wie zuvor. Die Auslöschung der alten, lebenslang für sie gültigen Ordnung mag Anna Amalia den Lebensmut genommen haben. Es muß ihr so vorgekommen sein, als sei alles, was sie und ihr Sohn lebenslang aufgebaut hatten, nun in wenigen Wochen durch den Krieg vernichtet worden; nicht nur Weimar, das ganze Land war verwüstet. Einer ihrer letzten Briefe, geschrieben am 4. Februar 1807, richtet sich an den Vertrauten Karl von Knebel: »Zur jetzigen Zeit muß man Geduld und Fertigkeit haben, um nicht fortgeschleppt zu werden mit dem größten Haufen. Um (nicht) auch so schlecht zu werden, als er ist. Denn Rechtschaffenheit und Redlichkeit gibt es nicht mehr, und das schlägt einen gefühlvollen Menschen nieder.«[1] Selten hat man derartig resignative Worte von der Herzogin gelesen.

Ringsum hielt der Tod reiche Ernte: Georg Melchior Kraus, der Künstlerfreund, starb am 5. November 1806 an den Folgen der Mißhandlungen durch die napoleonischen Truppen. Der seit 1791 die Weimarer Gesellschaft der Herzogin teilende Charles Gore, den die gemeinsame Liebe zu Italien mit der Herzogin verbunden hatte, starb im Januar; Sophie von La Roche, Wielands Jugendgeliebte, verschied im Februar. In dieser Zeit allgemeiner Auflösung kam auch das Leben der Herzogin Anna Amalia an sein Ende: Sie starb am 10. April 1807. Der Vorbote war banal, eine fiebrige Erkältung, der sie kaum Beachtung geschenkt hatte. Die Todesursache war ein Schlaganfall oder, wie es die Weimarische Zeitung kolportierte, »Nervenschlag«, der sie im Schlaf traf, kurz nachdem sie eine Unterredung mit Carl August gehabt hatte.

Noch am selben Tag machte sich der Geheime Rat von Voigt Gedanken um den Nachruf auf die Herzoginmutter und bat Goethe um Mithilfe. Dieser antwortete:

»Nach Ew. Exzellenz Aufforderung bin ich sehr bereit mitzuwirken, daß unsrer guten Fürstin Andenken nicht unwürdig gefeiert werde. Ich sende daher das mir mitgeteilte Schema weitläufig geschrieben zurück, mit Bitte, das Besondere gefällig einzuzeichnen. Ich will das Ganze überdenken und einen doppelten Gebrauch vorbereiten.

Ein kleinerer Aufsatz könnte zum Ablesen von den Kanzeln dienen, einen andern etwas umständlichern sendete man an Cotta für seine Blätter, den ich gleich Montags ersuchen wollte, keinen andern Aufsatz über diesen Gegenstand aufzunehmen, da man erwarten kann, daß die Dresdner Feder sich gleich in Bewegung setzen wird.«[2]

Am 13. April – inzwischen war der kleinere Aufsatz in Zusammenarbeit von Goethe und Voigt fertiggestellt, der größere noch nicht ganz – wurde die Herzogin nach alter Sitte feierlich auf einem Paradebett im ersten Geschoß des Wittumspalais, in dem großen Saal, der zu diesem Zwecke ganz schwarz ausgeschlagen worden war, aufgebahrt. Der Zug der Kondolierenden dauerte von vier Uhr nachmittags bis neun Uhr abends, in Gruppen wurden die Trauernden zum vorderen Eingang des Palais hinein- und zum hinteren wieder hinausgelassen:

»Das Sterbekleid war von weißem Atlas, mit einer sehr langen mit Frisur versetzten Schleppe, der Aufsatz eine Spitzenmütze mit weißem

Atlasband. Außerdem war die Leiche angetan mit einem Mantel von karmesinrotem Samt mit Hermelin aufgeschlagen. Ebenso von Hermelin der darüber befindliche Kragen.

Beim Haupte standen zu beiden Seiten 2 Tabourets mit rotsamtenen, mit silbernen Fransen und Tressen besetzten Kissen, auf welchen rechts der Fürstenhut von rotem Samt mit den Brillanten der Verstorbenen besetzt, auf dem andern links aber ein Zepter mit Perlen umwunden, als das Zeichen der Regentschaft, gelegt waren.«[3]

Einen Tag später, am 14. April, wurde Herzogin Anna Amalia in der Stadtkirche beigesetzt, in einer Gruft vor dem Altar, direkt neben ihrem Bruder Friedrich August. Der Generalsuperintendent Voigt nahm den Sarg in Empfang, sprach während der Absenkung in die Gruft ein kurzes Gebet und einen Segen, niemand außer den Sargträgern war anwesend. Sie warteten in der Kirche, bis die Gruft mit einem hölzernen Deckel provisorisch geschlossen wurde. Kein Trauergottesdienst fand an diesem Tag statt, so wollte es das fürstliche Protokoll.

Anna Amalia war die letzte der Sachsen-Weimarischen Familie, die in dieser Kirche ihre Ruhestätte erhielt. Es geschah auf ihren dringenden Wunsch, in der Nähe ihres Freundes Herder begraben zu werden. 1818 sollte mit dem Neuen Friedhof und wenig später mit der Fürstengruft eine neue Grablege für die Weimarer Fürstenfamilie und die Geistesheroen der klassischen Zeit, Goethe und Schiller, bereitstehen.

Am 15. April setzte das Weimarische Wochenblatt seine Berichterstattung fort. Die Anordnungen Carl Augusts für die Hof- und Stadttrauer wurden bekanntgegeben. Mit einem Trauergeläute war begonnen worden, das jeweils in der Zeit von 11 bis 12 Uhr täglich fortgeführt werden sollte. Am Sonntag darauf wurde in den Kirchen eine »schöne Abkündigung« (der kleine Aufsatz von Goethe und Voigt) verlesen, alle öffentliche Musik, aber auch Kirchenmusik bei Gottesdiensten war einzustellen, und eine allgemeine Trauer bis zum 7. Juni wurde angeordnet, die Hochzeiten und Kindstaufen in dieser Zeit verbot. Der eigentliche Trauergottesdienst mit einer Gedächtnispredigt fand dann am Sonntag nach der ersten Abkündigung statt.[4]

Der Schmerz um den Verlust der Herzogin war allgemein. Besonders bewegende Worte fand ihr letzter Bibliothekar, der Italienkenner Carl Ludwig Fernow, der nach dem Tode Jagemanns 1804 für sie tätig war:

»Unsere verehrte, unsere gute Fürstin ist nicht mehr … Wir sind alle traurig und in Tränen; vielleicht ist kein Haus in Weimar, wo dieser edeln Fürstin nicht Tränen fließen. Ach! Obgleich sie das Gute, zu dem sie sich berufen fühlte, längst vollbracht hat, so haben wir doch viel verloren; wir werden es erst empfinden, nun wir sie nicht mehr besitzen. Sie wußte den Fürsten und den Menschen in sich zu vereinigen. Sie zog die besten Geister an sich, wo sie sie fand, das wird nun in Weimar nicht mehr geschehen, und sind Wieland und Goethe einmal nicht mehr, so wird Weimars Glanz und Ruhm, den Amalia ihm erwarb, nur noch in der Geschichte leben. Wir wollen uns glücklich preisen, daß wir in dieser Zeit gelebt und diese Fürstin gekannt haben; eine bessere sehen wir nicht wieder, auch ihre Gleichen nicht. Dies fühlt hier jeder, und das ist das Gefühl, mit welchem wir um sie trauern, ja es liegt selbst ein Trost darin, das Vortreffliche und Unersetzliche gekannt zu haben und es betrauern zu dürfen. Das ist the joy of grief, die ich in diesen Tagen im vollkommensten Maße empfunden habe; ich habe selbst nicht geglaubt, daß ich so sehr an der Fürstin hänge …«[5]

Inzwischen war auch die lange Version des offiziellen Nachrufs auf Anna Amalia fertig. Er wurde von allen Kanzeln des Landes verlesen und, in 600 Exemplaren gedruckt, weithin versandt. Der Nekrolog liefert wenige präzise Informationen, weil er vor allem Anna Amalias Tugenden und Leistungen festhalten wollte, um schließlich auch die schmerzlichen Ereignisse gegen Ende ihres Lebens nachzuzeichnen, aber er ist dennoch in allen Einzelheiten, die er nennt, zutreffend. Eine auffällige Leerstelle weist er allerdings auf: Die Zeit nach der Italienreise, die die Krise zwischen Goethe und der Herzogin markiert, wird übergangen.

Drei Passagen sollen hier zitiert werden, da sie Schwerpunkte im Leben Anna Amalias betreffen, die auch in diesem Buch dargestellt wurden, zunächst jene, die ihr Herkommen aus der Braunschweiger Familie und die Prägung durch diese beschreibt:

»… von Jugend auf umgeben von Geschwistern und Verwandten, denen Großheit eigen war, die kaum ein ander Bestreben kannten, als ein solches, das ruhmvoll und auch der Zukunft bewundernswürdig wäre; in der Mitte eines regen, sich in manchem Sinne weiter bildenden Hofes, einer Vaterstadt, welche sich durch mancherley Anstalten zur Cultur der Kunst und Wissenschaft auszeichnete, ward sie bald gewahr, daß auch in ihr ein solcher Keim liege, und freute sich der Ausbildung, die ihr durch die trefflichsten Männer, welche späterhin in der Kirche und im Reich der Gelehrsamkeit glänzten, gegeben wurde.«[6]

Des weiteren sind Goethes Worte wichtig, die sich auf die kulturelle Entwicklung in Weimar unter Anna Amalias Regentschaft beziehen:

»Ihre Regentschaft brachte dem Lande mannigfaltiges Glück, ja das Unglück selbst gab Anlaß zu Verbesserungen. … Ein ganz anderer Geist war über Hof und Stadt gekommen. Bedeutende Fremde von Stande, Gelehrte, Künstler, wirkten besuchend oder bleibend. Der Gebrauch einer großen Bibliothek wurde freigegeben, ein gutes Theater unterhalten und die neue Generation zur Ausbildung des Geistes veranlaßt. Man untersuchte den Zustand der Akademie Jena. Der Fürstin Freigebigkeit machte die vorgeschlagenen Einrichtungen möglich, und so wurde diese Anstalt befestigt und weiterer Verbesserungen fähig gemacht.«[7]

Eine dritte Stelle bezieht sich auf die Zeit nach der vormundschaftlichen Regierung und die Italienreise: »Das ruhige Bewußtsein ihre Pflicht gethan, das, was ihr oblag, geleistet zu haben, begleitete sie zu einem stillen, mit Neigung gewählten Privatleben, wo sie sich von Kunst und Wissenschaft, sowie von der schönen Natur ihres ländlichen Aufenthaltes umgeben, glücklich fühlte. Sie gefiel sich im Umgang geistreicher Personen, und freute sich Verhältnisse dieser Art anzuküpfen, zu erhalten und nützlich zu machen; ja es ist kein bedeutender Name von Weimar ausgegangen, der nicht in ihrem Kreise früher oder später gewirkt hätte. So bereitete sie sich vor zu einer Reise jenseits der Alpen, um für ihre Gesundheit Bewegung und ein milderes Klima zu nutzen: denn kurz zuvor erfuhr sie einen Anfall, der das Ende ihrer Tage herbeizurufen schien. Aber einen höheren Genuß hoffte sie von dem Anschauen dessen, was sie in den Künsten so lange geahndet hatte, besonders von der Musik, von der sie sich früher gründlich zu unterrichten wußte; eine neue Erweiterung der Lebensansichten durch die Bekanntschaft edler und gebildeter Menschen, die jene glücklichen Gegenden als Einheimische und Fremde verherrlichen, und jede Stunde des Umgangs zu einem merkwürdigen Zeitmoment erhöhen.«[8]

Ein Nekrolog fordert naturgemäß die Aussparung banaler Einzelheiten, in einer wohltemperierten Überschau will man die Phasen eines erloschenen Lebens Revue passieren lassen. Goethes und Voigts Absicht war, die Zuhörer durch einen beispielhaften Lebenslauf, den vor allem die »Standhaftigkeit« als Charaktertugend ausgezeichnet habe, zu erheben. Gleichzeitig ging es ihnen um die Legitimierung des in der Krise von 1806/07 gefährdeten mitteldeutschen Kleinstaats. Goethe und Voigt betrieben also auch »Öffentlichkeitsarbeit« für ein bedrohtes Herzogtum, indem sie erstmalig die Musenhof-Legende in gültiger Form präsentierten.[9] In diesem Zusammenhang war für Goethe das Herkommen der Herzogin aus dem Braunschweig-Wolfenbütteler Hof bedeutsam – Anna Amalia mußte eine bedeutende kulturelle Leistung vollbringen, weil sie eine Wolfenbütteler Prinzessin war.

Doch ist dies nur die halbe Wahrheit. Zwar habe ich in diesem Buch Anna Amalias Prägung durch die Erziehung in Wolfenbüttel und die dortige Bibliothek immer wieder hervorgehoben, doch zugleich wurden Anna Amalias Lektürevorlieben, ihre Liebe zu Sprachen, zur Musik, zur bildenden Kunst und zur Antike immer als ihr »privates« Interesse deutlich. Anna Amalia hatte nie die Absicht, einen Musenhof zu schaffen. Sie wollte vielmehr nach der Abgabe der Regierungsverantwortung ein sinnvolles Leben, umgeben von Kunst und Wissenschaft, umgeben von Büchern und deren Autoren, führen. In Goethes und Voigts Nekrolog klingt es so, als habe die Herzogin den »Musenhof« planvoll entwickelt. Warum diese Umdeutung? Zum Zeitpunkt ihres Todes, 1807, in der Krise, erschien den Verfassern des Nekrologs solch planvolles Tun Anna Amalias geeignet, dem kleinen Staat ein politisches Überleben zu sichern. Bis heute beziehen sich die meisten Arbeiten über Herzogin Anna Amalia auf diesen von Goethe und Voigt verfaßten Nachruf, und so hatte zumindest Goethe es sich auch vorgestellt.

Ein zweiter Nekrolog, verfaßt in lateinischer Sprache durch den Jenenser Professor für Beredsamkeit und Poesie, Heinrich Carl Abraham Eichstaedt, entfaltete nicht dieselbe Wirkung. Der Professor lobte insbesondere Anna Amalias positives Wirken zugunsten der Universität Jena.[10]

Nur fünf Monate nach ihrer Herrin, am 7. September 1807 starb die Hofdame, die am engsten mit Anna Amalia verbunden war, Luise von Göchhausen.

Betritt man heute die Stadtkirche St. Peter und Paul, um das Grabmal Anna Amalias zu besuchen, so wird man in zweierlei Hinsicht enttäuscht. Zum einen ist es in der Regel nicht möglich, hinter die Altarschranke zu treten, von wo aus man ungehindert auf die Gedenktafel blicken kann. Zum zweiten frappiert diese aufgrund ihrer unüberbietbaren Schlichtheit. Wir stehen vor dem Grab der bedeutendsten Fürstin der deutschen Aufklärung und sehen eine farblos überlackierte Lindenholzplatte; ein Riß durchzieht sie, der im Zweiten Weltkrieg entstanden sein soll. Die Tafel trägt ein Reliefporträt der Herzogin im Profil.

Wäre diese Tafel unmittelbar nach dem Tode der Herzogin entstanden, wie zuweilen kolportiert wird, wäre die Ausblutung des Landes durch den Krieg eine Erklärung für die fast kärgliche Gestaltung im Vergleich zu den übrigen, viel älteren Grabmälern in der Kirche, die alle durch ihre Größe, ihre Materialien, Bronze und Marmor, und ihren skulpturalen Schmuck ausgezeichnet sind.

Doch die Erinnerungstafel entstand erst 1822. Sie wurde von Carl August im Februar 1822 in Auftrag gegeben, im Mai in Weimar vollendet und Ende Mai in der Kirche angebracht. Derselbe Künstler schuf auch eine vergleichbare Tafel als Erinnerung an die heilige Elisabeth, die allerdings heute verschollen ist. Ein Jahr später entstand eine weitere Reliefplatte von seiner Hand für Anna Amalias Bruder Friedrich August, die heute stark beschädigt ist und seit 1975 im Depot liegt. Der Künstler, der die drei Tafeln im Geschmack der Zeit gestaltete, trägt den Namen Hose (auch Hosse oder Hoße) und war seit 1792 an der Eisenacher Mal- und Zeichenschule als Lehrer tätig. Fast alle seine bildhaue-

*Gedenktafel für Anna Amalia in der Weimarer Stadtkirche St. Peter und Paul. Relief auf Lindenholz, 1822.*

rischen Arbeiten hat er im Auftrag Carl Augusts angefertigt. Sein Name ist heute auch in Eisenach so gut wie vergessen.[11]

Die Annahme, ursprünglich sei die Holztafel nur das Model für einen später zu realisierenden Bronzeguß gewesen, scheint nicht wahrscheinlich. Zwischen dem Tod der Herzoginmutter und der Realisierung des Gedenkbildes liegen zu viele Jahre, um das Überdauern eines Provisoriums plausibel zu machen.

Schauen wir uns dieses Erinnerungsbild näher an. Der Kopf, der zur linken Seite gerichtet ist, trägt ein Diadem und einen Schleier, das Haar der Herzogin quillt lockig, ja jugendlich üppig unter dem Diadem hervor. Ein oben offener Kranz von Eichenlaub, von sieben Sternen gekrönt, bildet den Rahmen. Es wurden einfache Symbole gewählt, um den Gegensatz von Zeitlichkeit und Transzendenz auszudrücken. Das untere Viertel der Reliefplatte wird von der Inschrift eingenommen: Anna Amalia Herzogin von Weimar geb. Herzogin von Braunschweig. Es folgen das Geburts- und das Sterbedatum.

Vermutlich hat der Künstler nicht Bildporträts, sondern eine oder mehrere Büsten als Modell gewählt, zumal auch kein Altersbild Anna Amalias existiert, das zugleich ein Diadem und einen Witwenschleier zeigt und die Herzogin in den späteren Jahren auf Porträts generell en face dargestellt wird.

Marmorbüste Anna Amalias von Gottfried Martin Klauer, 1802/1805.

Nicht die Klauersche Büste Anna Amalias, sondern die von Carl Gottlieb Weisser in Anna Amalias letzten Lebensjahren gefertigte Gipsbüste, die 1808 in Marmor übertragen wurde, war vermutlich das Vorbild für Hoses Relief, da nur sie den Schleier, das Diadem und das lockige Haar aufweist.[12] Im Relief erscheinen jedoch die Gesichtszüge der Herzogin, ihre Nase und das Kinn, im Vergleich zur Gipsbüste leicht geschönt.

Nicht geklärt wurde bis heute der späte Zeitpunkt der Anfertigung der Reliefplatte, der mit keinem bestimmten äußeren Anlaß oder Gedenktag in Zusammenhang zu bringen ist. Das Thema bleibt in der Korrespondenz zwischen Goethe und Carl August ausgespart, der Name Anna Amalias wird zwischen ihnen ab 1821 darin nicht mehr erwähnt. Möglich ist, daß Carl August im Zusammenhang seines Auftrags für die Fürstengruft an Clemens Wenzeslaus Coudray im Jahr 1822, bei der sich auch Goethe mit Ideen beteiligte, auch dieses »unerledigte Thema« endlich einer Lösung zuführen wollte. Weshalb jedoch der Sohn nach einer so langen Wartezeit und in Jahren, in denen es dem Herzogtum wirtschaftlich gutging, diese bescheidene Lösung beauftragte,

bleibt unklar. Allerdings befürwortete Carl August auch im Falle der Fürstengruft zunächst eine schlichte Lösung, ein Grabgewölbe mit einem Notdach. Coudray konnte sich mit seinem nur unwesentlich aufwendigeren Entwurf mit Vorhalle und Dach mit aufgesetzter Laterne nur mit Mühe durchsetzen. Vielleicht ist dieses seltsame Verhalten also mit der generellen Ablehnung Carl Augusts, sich mit dem Tod und dem Memorialkult zu befassen, zu erklären. Hierin glich er Goethe.

*Marmorbüste Anna Amalias von Carl Gottlieb Weißer, 1808.*

Die Vermutung liegt nahe, daß die im Jahr 1808 durch Weißer fertiggestellte Marmorbüste Anna Amalias, die im Auftrag Carl Augusts ebenso wie die ihres Bruders Friedrich August in der Herzoglichen Bibliothek aufgestellt wurde, die eigentliche Funktion des posthumen Erinnerungsbildnisses der Herzogin erfüllen sollte. Das entspräche Anna Amalias geringer Kirchenfrömmigkeit und ihrer lebenslangen Liebe zum Buch und zu ihrer Bibliothek, in der ja schon seit Jahrzehnten der Memorialkult für die Heroen des Geistes, lebende und tote, seinen Ort gefunden hatte.

Anna Amalias Testament bot keine großen Überraschungen, es bedachte Carl August als Haupterben mit all ihren beweglichen und unbeweglichen Gütern, daneben waren, wie bei einer fürstlichen Person üblich, zahlreiche Legate vorgesehen, an die Enkelkinder, aber vor allem auch an ihr nahestehende Bedienstete, im wesentlichen Geldbeträge und Pensionen.

Goethe hatte neben dem Nachruf auf Anna Amalia eine Grabinschrift verfaßt, die in der typisch klassizistischen Weise fast wie in Marmor gehauen wirkt. Das Grab sollte sie nie zieren. Hier die letzte Zeile:

»Sterblich 1739-1807 unsterblich nun fortwirkend fürs Ewige«.[13]

Alle Nachkommenden, Maria Pawlowna und Carl Friedrich, später Großherzog Carl Alexander und seine Gattin Sophie und noch Großherzog Wilhelm Ernst zu Beginn des 20. Jahrhunderts, sahen sich in der Nachfolge des von Anna Amalia und Carl August begonnenen, von den großen Weimarer Dichtern unterstützten Projekts, die Künste zu fördern und Weimar als Stadt des Geistes landesweit leuchten zu lassen. Keiner der nachfolgenden Herrscher jedoch hat so viel für die Herzogliche Bibliothek getan wie sie. Dies bleibt Anna Amalias bleibende Tat.

Seit Ende des 19. Jahrhunderts litt diese Bibliothek unter erheblichem Platzmangel, es war jedoch niemals daran zu denken, ein Erweiterungsgebäude für sie zu finanzieren.

Erst nach der Wende, zur Feier des 300jährigen Bibliotheksjubiläums am 18. September 1991, erhielt die Bibliothek den Namen ihrer größten Förderin, den der Herzogin von Weimar und Königin der Bücher, Anna Amalia. Jetzt wurde die Errichtung eines Erweiterungsbaus der Bibliothek dringend angemahnt und 1998 auf der Grundlage einer gesicherten Finanzierung in die Bauplanung übernommen.

Eine Sanierung des Stammgebäudes stand gleichfalls in Aussicht, das Tiefmagazin des Erweiterungsbaues, des sogenannten Studienzentrums, hätte fünf Wochen später die kostbaren Bücher des Stammgebäudes aufgenommen, als am 2. September 2004 der verheerende Brand, zurückzuführen auf einen Schwelbrand maroder Elektrokabel, die hinter Holzverkleidungen verborgen waren, ausbrach und mehr als 50 000 Bücher und Manuskripte zum Raub der Flammen machte.

Heute, fast drei Jahre später, steht nach der Eröffnung des Studienzentrums im Februar 2005 auch die Wiedereröffnung des restaurierten Stammgebäudes, der »Alten Anna Amalia«, wie sie in Weimar auch liebevoll heißt, im historischen Gewande bevor. Etliche der nur beschädigten Bücher sind der Benutzung wieder übergeben worden, andere Bestände werden restauriert. Zahlreiche Buchspenden sind eingegangen, viele Bücher konnten antiquarisch erworben werden und ersetzen verlorengegangene. Aber gerade die Bestände der Musikaliensammlung

*Studienzentrum der Herzogin Anna Amalia Bibliothek, der »Kubus«.*

Herzogin Anna Amalias, darunter auch Unikate, sind verloren. Viele gedruckte Werke enthielten handschriftliche Anmerkungen oder Randnotizen und waren deshalb ebenfalls einzigartig. Ein großer Verlust bleibt zu betrauern.

Doch mit über 900 000 »Medieneinheiten«, wie es heute heißt, ist die Herzogin Anna Amalia Bibliothek neben der Herzog August Bibliothek in Wolfenbüttel und dem Deutschen Literaturarchiv in Marbach immer noch eine von drei bedeutenden universitätsunabhängigen Forschungsbibliotheken in Deutschland. Ihr Spezialgebiet ist, wie könnte es anders sein, die Zeit und die Literatur zwischen 1750 und 1850, während die Wolfenbütteler Bibliothek vorrangig die Literatur von 1650 bis 1750 und Marbach die Moderne vertreten.

Eine große Strecke dieser für Weimar wichtigsten Zeit sind wir zusammen mit Herzogin Anna Amalia gegangen. Es gelang ihr, ihren Interessensgebieten lebenslang nachzugehen. Zahlreiche herausragende Menschen verstand sie in ihr kultur- und bildungsorientiertes Netzwerk einzubinden, darunter Wieland, Herder, Goethe und Schiller. Im Augenblick ihrer Befreiung von den Regierungspflichten weitete sie ihren geistigen Horizont aus, die Bücher wurden ihr noch wichtiger als zuvor, doch blieb sie eine Dilettantin, eine Liebhaberin der Künste und Wissenschaften. Den Schritt hin zur Objektivierung dieser Erkenntnisse, hin zur Entwicklung einer neuen Kunstrichtung, vollzog die Königin der Bücher nicht mit. Diese Aufgabe blieb den Weimarer Intellektuellen, Goethe und seinem Kreis, vorbehalten.

Immer wieder sahen wir auch Anna Amalias enge Beziehung nach Braunschweig-Wolfenbüttel. Diese Beziehung ist für die Bibliotheken beider Städte seit der Wende erneut sehr eng.

# ANMERKUNGEN

Zu den Abkürzungen siehe Literaturverzeichnis Seite 186.

### Vorwort

1 Insbesondere die vorzügliche Monographie von Joachim Berger, Anna Amalia von Sachsen-Weimar-Eisenach (1739-1807). Denk- und Handlungsräume einer »aufgeklärten« Herzogin. Universitätsverlag Winter, Heidelberg 2003 (im folgenden abgekürzt: J. Berger, Anna Amalia). Darin wird der »Musenhoflegende« eine deutliche Absage erteilt. Vgl. ebenso den Sammelband von Joachim Berger (Hg.), Der Musenhof Anna Amalias – Geselligkeit, Mäzenatentum und Kunstliebhaberei im klassischen Weimar, Böhlau Verlag, Köln, Weimar, Wien 2001. Im Literaturverzeichnis finden sich weitere biographische Werke zur Person Herzogin Anna Amalias.

2 So die Auswertung des Bibliothekskatalogs der Mutter Anna Amalias, Philippine Charlotte, sowie des Sprachenkatalogs der Herzog August Bibliothek, die der Dokumente des Niedersächsischen Staatsarchivs Wolfenbüttel im Hinblick auf die zunächst umstrittene vormundschaftliche Regierung Anna Amalias, und die Auswertung ihrer Korrespondenzen mit französischen und italienischen Briefpartnern (Thüringer Hauptstaatsarchiv Weimar und Goethe- und Schiller-Archiv Weimar), ihrer Lektürenotizen und Übersetzungen aus Fremdsprachen (Thüringer Hauptstaatsarchiv Weimar).

### Herkunft, Kindheit und Jugend
### Anna Amalias

1 Selbst die Räume der Geburt und der Taufe Anna Amalias sind bekannt: Sie wurde innerhalb der Appartements Philippine Charlottes im Nordflügel, genauer gesagt im Schlafzimmer der Mutter geboren, im Audienzzimmer der Mutter wurde sie getauft (vgl. Hans-Henning Grote, Schloß Wolfenbüttel, Residenz der Herzöge zu Braunschweig und Lüneburg, Braunschweig 2005, S. 133 und S. 136).

2 Peter Albrecht, Das Zeitalter des aufgeklärten Absolutismus (1735-1806), in: Horst-Rüdiger Jarck und Gerhard Schildt (Hgg.), Die Braunschweigische Landesgeschichte. Jahrtausendrückblick einer Region. Appelhans Verlag, Braunschweig 2000, S. 580.

3  Anna Amalia, Meine Gedanken, in: »Meine Gedanken«. Autobiographische Aufzeichnung der Herzogin Anna Amalia von Sachsen Weimar. »Andenken« und »Grabinschrift«, hg. von Volker Wahl, in: Wolfenbütteler Beiträge (Hg. Paul Raabe), Wiesbaden 1994, S. 106.

4  Vgl. Gabriele Henkel und Wulf Otte, Herzogin Anna Amalia – Braunschweig und Weimar. Stationen eines Frauenlebens im 18. Jahrhundert. Braunschweigisches Landesmuseum 1995, S. 17.

5  Anna Amalia, Meine Gedanken, a.a.O.

6  Anna Amalia, NsStAW 1 Alt 24, Nr. 304, Bl. 2f.

7  Anna Amalia, a.a.O. Bl. 4-5.

8  Paul Zimmermann, Abt Jerusalems Berichte über die Erziehung der Kinder Herzog Karls I., in: Jahrbuch des Geschichtsvereins für das Herzogtum Braunschweig, 5. Jg., 1906, S. 162.

9  Ders., a.a.O. S. 161.

10  Die Besuche erfolgten vermutlich im Sommer 1773, 1774 und 1776 (vgl. J. Berger, Anna Amalia, S. 60).

11  Vgl. J. Berger, a.a.O. S. 50, Fußnote 18.

12  Karl Wilhelm von Lyncker, Anna Amalia (um 1775), in: Heinrich Pleticha (Hg.), Das klassische Weimar. Texte und Zeugnisse, Deutscher Taschenbuch Verlag, München 1983, S. 41f.

13  Karoline Jagemann, Begegnung mit Anna Amalia (1797), in: Heinrich Pleticha, a.a.O. S. 43.

14  Hermann Graf Egloffstein (Hg.), Ein Kind des 18. Jahrhunderts. Jugenderinnerungen der Gräfin Henriette Egloffstein. Sonderdruck Deutsche Rundschau, Berlin 1919, S. 352.

15  Ders., a.a.O. S. 354.

## Die Wolfenbütteler Bibliothek als Vorbild
## für Anna Amalias Weimarer Bibliothek

1  Vgl. HAB Wolfenbüttel, Sign. I, 641. Der Katalog verzeichnet die Bücher nach Schränken geordnet.

2  Vgl. Mechthild Raabe, Leser und Lektüre im 18. Jahrhundert. Ausleihbücher der Herzog August Bibliothek 1714-1799. Band 1 (Leser und Lektüre), Saur Verlag, München 1989. Auguste Dorothea, die Äbtissin von Gandersheim, Anna Amalias jüngere Schwester, entleiht als erwachsene Frau 1785 und 1795 Bücher, ihr um ein Jahr jüngerer Bruder Friedrich August leiht erstmalig 1759 zwei historische Werke in italienischer Sprache. Anna

Amalia selbst sowie ihre übrigen Geschwister leihen laut Ausleihbuch nicht. Der Abt Jerusalem leiht nur gelegentlich ein Buch, so daß vermutet werden kann, daß die Ausleihen der fürstlichen Familie und der Erzieher zumeist außerhalb des normalen Ausleihverkehrs stattfanden. Ein weiterer wichtiger Hofbeamter, der Geheime Rat von Praun, ist der am zweithäufigsten genannte Leser der HAB im genannten Zeitraum.

3   Vgl. Jill Bepler, Literatur und Buchkultur, in: Jarck und Schildt, a.a.O. S. 613.

4   Vgl. Hans-Henning Grote, Architektur, in: Jarck und Schildt, a.a.O. S. 678.

5   Diese Anregung verdanke ich Dr. Werner Arnold, HAB Wolfenbüttel
    Ein Beispiel für einen solchen runden Bibliotheksraum ist etwa die Bibliothek im Palazzo Ducale von Urbino.

6   Die folgenden Ausführungen folgen dem Artikel »Bestandsgeschichte der HAB Wolfenbüttel«, in: Handbuch der historischen Buchbestände in Deutschland. 2.2, Niedersachsen H – 7, Olms-Weidmann Verlag, Hildesheim, Zürich, New York 1998, S. 209ff.

7   Vgl. Mechthild Raabe, Leser und Lektüre im 18. Jahrhundert, a.a.O.

### Schicksalhafte Jahre

1   Vgl. Günter Scheel, Braunschweig-Wolfenbüttel und Sachsen-Weimar in der zweiten Hälfte des 18. Jahrhunderts – Dynastische, politische und geistige Beziehungen, in: Paul Raabe (Hg.), Wolfenbütteler Beiträge, a.a.O. S. 7.

2   Anna Amalia von Sachsen Weimar, Meine Gedanken, zit. nach Volker Wahl, a.a.O. S. 106.

3   Vgl. G. Henkel und W. Otte, a.a.O. S. 26: Hiernach erhielt Anna Amalia 18 000 Taler Mitgift (die sogenannte Prinzessinnensteuer, die von den Untertanen des Landes aufgebracht werden mußte), 6000 Taler jährliches Einkommen aus Braunschweig, die Morgengabe des Bräutigams waren 5000 Taler, und sie bekam das weimarische Gut Allstedt im Falle der Verwitwung zugesprochen.

4   Vgl. NsStAW, 1 Alt 24, Nr. 302, Bl. 1-12.

5   Vgl Günter Scheel, a.a.O. S. 11f.

6   Ders., a.a.O. S. 9.

7   NsStAW, 1 Alt 24 Nr. 304., Bl. 10 und 11. Der Brief ist in französischer Sprache abgefaßt.

8  Vgl. J. Berger, Anna Amalia, a.a.O. S. 233.

9  Vgl. Günter Scheel, a.a.O. S. 12.

10 NsStAW, M2748: (Gedruckte) Acta: Die Fürstlich Sachsen-Weimarische Obervormundschaft und Landes-Administration betreffend de Anno 1758.

11 Vgl. J. Berger, Anna Amalia, a.a.O. S. 240f.

12 Vgl. Anna Amalia, Meine Gedanken, in: Volker Wahl, a.a.O. S. 108. Den Text verfasste die Herzogin im Alter von 33 Jahren. Er gilt als autobiographischer Rückblick.

13 Vgl. NsStAW 1 Alt 24, Nr. 304, Bl. 20a.

### Die obervormundschaftliche Regierung Anna Amalias

1  Friederike Bornhak, Anna Amalie. Herzogin von Sachsen-Weimar-Eisenach, die Begründerin der klassischen Zeit Weimars, F. Fontane & Co, Berlin 1892, S. 22ff.

2  Vgl. Bärbel Raschke, Androgyne Arkangesellschaften und Freimaurerei. Entwicklungs- und Beziehungsprobleme aus der Perspektive hochadliger Frauen, in: Geheime Gesellschaft – Weimar und die deutsche Freimaurerei. Hg. von Joachim Berger und Klaus-Jürgen Grün, Stiftung Weimarer Klassik bei Hanser, München und Wien 2002, S. 153-158.

3  Karl Wilhelm von Lyncker, in: Maria Scheller (Hg.), Am Weimarischen Hofe unter Amalien und Karl August. Erinnerungen von Karl Frhr. von Lyncker, Berlin 1912, S. 20ff.

4  Vgl. J. Berger, Anna Amalia, a.a.O. S. 245. Eigene Forschungen ergaben, daß weder im Niedersächsischen Staatsarchiv Wolfenbüttel noch im Thüringer Hauptstaatsarchiv noch auch in der Herzogin Anna Amalia Bibliothek Huldigungsschriften der Landstände erhalten sind. Abgesehen von einigen solchen Schriften, abgefaßt von den Gymnasiasten Weimars oder den Studenten Jenas, fand auch keine der sonst üblichen schriftlichen Huldigungen der Herzogin durch andere Bevölkerungsgruppen statt, auch dies ein Beweis dafür, daß Anna Amalia nicht als eigenständige Regentin angesehen wurde, sondern nur als Vertreterin eines Regenten.

5  Vgl. NsStAW 1 Alt 24 Nr. 304 Bl. 25, 26, 42 und 53.

6  Vgl. J. Berger, Anna Amalia, a.a.O. S. 265.

7  Vgl. Ursula Salentin, Anna Amalia – Wegbereiterin der Weimarer Klassik. Böhlau Verlag, Köln, Weimar, Wien 2001, S. 56.

8  Vgl. J. Berger, Anna Amalia, a.a.O. S. 276ff.

9   Zitiert nach Georg Mentz, Weimarische Staats- und Regentengeschichte vom Westfälischen Frieden bis zum Regierungsantritt Carl Augusts, Verlag der Frommannschen Buchhandlung, Walter Biedermann, Jena 1936, S. 44.

## *Anna Amalias Weimarer Bibliothek*

1   Vgl. Jost Lemmerich: Die künstlerische Ausstattung der Barockbibliotheken in Deutschland, in: Paul Raabe (Hg.), Öffentliche und Private Bibliotheken im 17. und 18. Jahrhundert. Raritätenkammern, Forschungsinstrumente oder Bildungsstätten?, Jacobi Verlag, Bremen und Wolfenbüttel 1977, a.a.O. S. 317: Lemmerich spricht von 120 neuentstandenen Bibliotheksräumen im deutschen Kulturraum in der Zeit zwischen 1680 und 1790. Davon seien 80 in besonderer Weise künstlerisch ausgestattet worden.

2   Geheime Canzley Acta, Die Aptirung des sogenannten französischen Schlösschens zu einem Behältnis die Fürstliche Bibliothec betr. 1760-1761, ThHStAW, B 9136, Bl. 1.

3   Die Bibliotheksgeschichte wird sehr gut dargestellt bei Michael Knoche (Hg.), Herzogin Anna Amalia Bibliothek – Kulturgeschichte einer Sammlung. Stiftung Weimarer Klassik bei Hanser, München und Wien 1999.

4   Wilhelm Ernst baute das erste Opernhaus in der Wilhelmsburg und gründete das Weimarer Wilhelm-Ernst-Gymnasium, er ließ die Jakobskirche errichten sowie ein Waisen- und Zuchthaus.

5   Vgl. auch Brigitte Herzog, Der Bibliothekssaal der Anna Amalia Bibliothek in Weimar – eine bautypologische Untersuchung. Magisterarbeit an der TU Berlin, 2004.

6   Vgl. dies., a.a.O. S. 52, sowie: Ulrike Steierwald, Der Ort der Sammlungen – die Bibliothek findet ihr eigenes Gebäude, in: Michael Knoche, a.a.O. S. 62-82.

7   Vgl. Winfried Löschburg, Alte Bibliotheken in Europa, Edition Leipzig, Leipzig 1974. Etwa die Biblioteca Ambrosiana, zahlreiche weitere italienische, dann auch französische Bibliotheken, so die Bibliothèque Mazarine und die Bibliothèque Sainte-Geneviève. Löschburg sieht die Escorial-Bibliothek (von 1563) als das erste Beispiel der barocken Saalbibliothek an, Lesepulte existierten hier nicht mehr.

8   Die früheste Erwähnung des Gemäldes als in der HAAB befindlich ist 1847, doch kann es durchaus früher dort aufgehängt worden sein. Es ist

jedoch nicht wahrscheinlich, daß Anna Amalia es schon dort sah, da es zunächst in ein Depot verbracht worden war. Es wurde beim Bibliotheksbrand am 2. September 2004 zerstört und wird als Trompe-l'œil-Malerei in der rekonstruierten Bibliothek wieder zu sehen sein.

9  Vgl. Michael Knoche, Jetzt lebende Gelehrte kamen nun zu Ehren. Geschichte des Rokokosaals der Weimarer Bibliothek, in: Thüringische Landeszeitung vom 16. 10. 2004.

10  Vgl. ders., a.a.O.

11  Vgl. Bärbel Raschke, Buchbesitz, Lektüre und Geselligkeit, in: J. Berger, Der Musenhof Anna Amalias, a.a.O. S. 83.

12  HAAB Weimar, Sign. Loc. A, Nr. 2.

13  Diese Dokumente finden sich im Thüringischen Hauptstaatsarchiv in Weimar. Es ist im übrigen ein Desiderat, die noch vorhandenen Bücher in der HAAB wieder eindeutig dem Besitz der Herzogin zuzuordnen, was bisher nur in Einzelfällen geschehen konnte.

14  Vgl. Bärbel Raschke, a.a.O. S. 86. Unter Fußnote 172 nennt sie hier beispielhaft Johann Joachim Winckelmanns *Geschichte der Kunst des Altertums*, Wien 1776, das in Anna Amalias Bibliothek auch in französischer (Amsterdam 1765) und italienischer Ausgabe (Milano o.J.) vorhanden ist. Mehr zu diesem Themengebiet S. 110ff.

15  Vgl. dies, a.a.O.

16  Vgl. Hermann Graf Egloffstein (Hg.), Ein Kind des 18. Jahrhunderts. Jugenderinnerungen der Gräfin Henriette Egloffstein. Sonderdruck Deutsche Rundschau, Verlag v. Gebr. Paetel, Berlin 1919, S. 350: »Die junge, an französische Sprache und Sitte gewöhnte Herzogin, die nicht geläufig deutsch zu sprechen vermochte, fand hier kaum einen oder zwei Menschen, welche fähig waren, sich mit ihr in dieser Sprache zu unterhalten.«

17  Vgl. B. Raschke, in: M. Knoche (Hg.), a.a.O. S. 85f.

18  Die Sammlung ist in der HAAB mit der Signatur 0,0 bezeichnet. Die Kostbarkeiten der Herzogin Anna Amalia Bibliothek werden in dem gleichnamigen Band von Konrad Kratzsch, Edition Leipzig, Leipzig 1993 (3. durchgesehene Auflage 2004), sehr anschaulich beschrieben. Der Verfasser zitiert im Zusammenhang der Gottschedschen Sammlung (S. 246) einen Aufsatz Hoffmann von Fallerslebens aus dem Jahr 1856, in welchem es heißt: »Zu welcher Zeit sie (die Sammlung, A.S.) an die Großh. Bibliothek gelangte, läßt sich nicht ermitteln; der Sage nach hatte sie die Herzogin Amalia für ihre Privatbibliothek kaufen lassen.« Auskunft über Veröffentlichungen zu Teilbeständen der Bibliothek und ihrer Geschichte gibt:

Erdmann von Wilamowitz-Moellendorff (Hg.), Dreihundert Jahre Weimarer Bibliothek, Eine Bibliographie zur Geschichte der Bibliothek der deutschen Klassik und ihrer Bestände. Nationale Forschungs- und Gedenkstätten der klassischen deutschen Literatur in Weimar, Weimar 1991.

19 Pierre-François Hugues d'Hancarville, Antiquités étrusques, grecques et romaines, tirées du cabinet de Hamilton, envoyé extraordinaire de S.M. Britannique en cour de Naples, Neapel 1766-1776. HAAB Sign. TH RO:22 (a-d). Das Besondere an dem Werk ist die Tatsache, daß die Vasenmalerei in eine zweidimensionale, bildhafte Form gebracht wurde. Es existiert ein moderner Faksimile-Reprint der Kupferstiche dieses Prachtbandes im Verlag Taschen, Köln/London etc. 2004.

20 Vgl. Lea Ritter-Santini, »Auf dunklen Grund gezogen« – Das Gedächtnis der Bilder, in: Hermann Mildenberger u.a., Im Blickfeld der Goethezeit, Kunstsammlungen zu Weimar und G- und H.-Verlag, Berlin 1999, S. 41-73.

21 Im Jahre 1789 lieh er die »Antiquités«, die Anna Amalia also offenbar bereits der Bibliothek übergeben hatte, nach Hause aus, um sie erst 1796 zurückzugeben.

### Jahre zwischen Pflicht und Neigung

1 Anna Amalia, Meine Gedanken, a.a.O. S. 106ff.

2 Testament Ernst August Constantins, 21. 2. 1758, ThHStAW A 774, Bl. 36.

3 Vgl. J. Berger, Anna Amalia, a.a.O. S. 116-121: Görtz veröffentlichte neun Jahre nach Amtsantritt seine Weimarer Erfahrungen anonym unter dem Titel *Briefe eines PrintzenHofmeisters über Basedows PrintzenErziehung und hauptsächlich über dessen Agathokrator*, Heilbronn 1771. Berger sieht, obwohl Weimar nicht genannt wird, in dieser Veröffentlichung eine deutliche Kritik an Anna Amalias strukturellen Entscheidungen zur Erziehung ihrer Kinder. Wieland übergab der Herzogin 1772 das ihr unbekannte Buch. Doch hatte Görtzens Vorstoß nicht die gewünschte Wirkung bei Anna Amalia.

4 Vgl. J. Berger, Anna Amalia, a.a.O. S. 182.

5 In den Jahren 1763/64, 1767 und 1771. Vgl. J. Berger, Anna Amalia, a.a.O. S. 186.

6 Anna Amalia an Carl I. von Brsg.-WF., W. 20. 11. 1767, und Carl I. an An-

na Amalia, Brsg., 27. 11. 1767, beide in: NsStAW 1 Alt 24, Nr. 304, Bl. 69-70 und 71-71'.

7  Fürstliches Besucherbuch, HAB Wolfenbüttel Sign. I, 220.

8  Anna Amalia richtete sich 1775 neu im Wittumspalais ein, 1779 kam die Ausstattung der Zimmer im Westflügel dazu. Sie modernisierte das gesamte Palais 1784/85, 1793/94 und noch einmal 1804.

9  Adam Friedrich Oeser (1717-1799), ab 1739 in Dresden mit dekorativen Arbeiten beschäftigt, Freundschaft mit Johann Joachim Winckelmann und Beeinflussung durch dessen klassizistische Lehre. Ab 1759 in Leipzig als Direktor der Akademie und sächsischer Hofmaler. Goethe nahm bei ihm 1765-68 Zeichenunterricht.

10  Wieland im Brief an Johann Heinrich Merck vom 5. Januar 1784, in: Wielands Briefwechsel, hg. von der Berlin-Brandenburgischen Akademie der Wissenschaften durch Siegfried Scheibe (bearbeitet von Annerose Schneider), Akademie Verlag, Berlin 1992, Achter Band (Juli 1782-Juni 1785), Erster Teil, S. 177f.

11  Vgl. Renate Müller-Krumbach, Altes Porzellan, NFG Weimar, 1987, S. 31, sowie: Susanne Schroeder und Petra Damaschke, Tafelrunden – Fürstenberger Porzellan der Herzogin Anna Amalia in Weimar. Stiftung Weimarer Klassik bei Hanser, München/Wien 1996, darin: Beatrix Freifrau von Wolff Metternich, Anmerkungen zur Tafelkultur. Tafelporzellan, Kaffee- und Teeservice und Zierobjekte, S. 36-41. Leider sind andere Götterfiguren, die Anna Amalia mit hoher Wahrscheinlichkeit besaß, nicht erhalten.

12  Diese Sammlungen (mit Ausnahme des Fürstenberger Porzellans) befinden sich heute als geschlossene Ausstellung im Schloß Belvedere.

13  Eine vorzügliche Zusammenfassung über den Weimarer Bestand an Fürstenberger Porzellan liefern Susanne Schroeder u. Petra Damaschke in dem erwähnten Band, Tafelrunden (vgl. Fußnote 11), a.a.O. S. 16ff.

14  Vgl. dies., a.a.O. S. 18f.

15  Vgl. dies., In situ – Stobwasser-Arbeiten im klassischen Weimar, in: Detlev Richter, Stobwasser – Lackkunst aus Braunschweig & Berlin, Prestel Verlag, München, Berlin, London New York 2005, S. 85-91. Auf S. 131 dieses Buchs wird gesondert auf ein spezielles Stück eingegangen, das vermutlich auf Anregung Anna Amalias von Stobwasser gefertigt wurde und als ein Andenken an die italienische Zeit gelten kann, der Serviertisch mit der Darstellung Emma Harts, der sich heute im Wittumspalais befindet.

16  Friedrich Justin Bertuch, Journal der Moden. Im eigenen Verlag, Weimar, Julius 1786. S. 266.

17 Es handelt sich um die drei zum englischen Garten gelegenen Wohnräume im Westflügel des Wittumspalais, die Anna Amalia seit 1779 neu ausstatten ließ. Vgl. dazu Angelika Emmerich und Susanne Schroeder, Weimarer historische Interieurs. Zum Ameublement im »Journal des Luxus und der Moden«, in: Gerhard Kaiser und Siegfried Seifert (Hgg.), Friedrich Justin Bertuch (1747-1822). Verleger, Schriftsteller und Unternehmer im klassischen Weimar. Max Niemeyer Verlag, Tübingen 2000, S. 501-518.

18 Doch gehörten alle hier im Buch abgebildeten Gegenstände und Bilder des Tiefurter Schlößchens oder Wittumspalais eindeutig der Herzogin.

19 Karl Wilhelm von Lyncker, in: Maria Scheller (Hg.), Am Weimarischen Hofe unter Amalien und Karl August. Erinnerungen von Karl Frhr. Von Lyncker, Berlin 1912, S.20ff.

20 Karl August Böttiger, Literarische Zustände und Zeitgenossen. Begegnungen und Gespräche im klassischen Weimar. Hgg. Klaus Gerlach und René Sternke, Aufbau Verlag, Berlin 1998 (2. Aufl.), S. 43.

21 Ders., a.a.O., S. 42.

22 Vgl. Gabriele Busch-Salmen u.a., Der Weimarer Musenhof: Dichtung – Musik und Tanz – Gartenkunst – Geselligkeit – Malerei, Metzler Verlag, Stuttgart 1998, S. 67.

23 Vgl. J. Berger, Anna Amalia, a.a.O. S. 365ff.

24 Vgl. ders., a.a.O. S. 308ff.

25 Lyncker, in: Maria Scheller (Hg.), a.a.O. S. 75.

26 Böttiger, a.a.O. S. 43.

## Tiefurt und die Vorbereitung auf Italien

1 Eduard von Bamberg (Hg.), Die Erinnerungen der Karoline Jagemann, Dresden 1926, S. 79f. u. 85.

2 Johann Wolfgang von Goethe, Werke, hg. im Auftrage der Großherzogin Sophie von Sachsen, im folgenden abgekürzt als: WA, IV. Abth., 6. Band, Hermann Böhlau Verlag, Weimar 1890, S. 17.

3 Vgl. J. Berger, Anna Amalia, a.a.O. S. 376f.

4 Vgl. Kay Kufeke, Himmel und Hölle in Neapel – Mentalität und diskursive Praxis deutscher Neapelreisender um 1800, SH-Verlag, Köln 1999. Darin: Kapitel XII.

5 Schon Ende 1784 ließ Anna Amalia ihrem »Innenarchitekten« Oeser diese Briefe »zur Unterhaltung« zukommen, im Jahr 1799 überließ sie Goethe

dieselben zur Veröffentlichung: Die Schrift »Winckelmann und sein Jahrhundert Goethes« (1805) resultierte daraus.

6  Vgl. Eduard von Bamberg (Hg.), Die Erinnerungen der Karoline Jagemann, a.a.O. S. 27.

7  Vgl. Katharina Gerhardt, Christian Joseph Jagemann – ein Vermittler italienischer Sprache und Kultur im klassischen Weimar, in: Klaus Manger (Hg.), Italienbeziehungen im klassischen Weimar, Max Niemeyer Verlag, Tübingen 1997, S. 246-263.

## Herzogin Anna Amalias Reise nach Italien

1  Vgl. Heide Hollmer, »Auch ich in Arkadien!« Die Italienreise der Herzogin Anna Amalia von Sachsen-Weimar-Eisenach im Spiegel von Goethes und Herders Italienreise, in: Mitteilungen des Deutschen Germanistenverbandes 40 (1993), H. 4, S. 29-39.

2  Tagebuch der italienischen Reise der Frau verw. Herzogin Anna Amalia von Sachsen-Weimar-Eisenach. Geführt von deren Hofdame Luise von Göchhausen. Goethe- und Schiller-Archiv, Weimar, Bestand 24, Sign. 13.

3  Dorothee Müller, »Luise von Göchhausens italienisches Reisetagebuch. Transkription und Kontextualisierung«, Magister-Hausarbeit, Marburg 2005, S. XXVII.

4  Werner Deetjen (Hg.), Die Göchhausen. Briefe einer Hofdame aus dem klassischen Weimar, Mittler Verlag, Berlin 1923, S. 71.

5  Vgl. Bettina Baumgärtel, Freiheit – Gleichheit – Schwesterlichkeit. Der Freundschaftskult der Malerin Angelika Kauffmann, in: Viktoria Schmidt-Linsenhoff (Hg.), Sklavin oder Bürgerin? Französische Revolution und neue Weiblichkeit 1760-1830, AK Verlag Frankfurt/M.-Marburg 1989, S. 325-339.

6  Angelica Kauffmann, »Mir träumte vor ein paar Nächten, ich hätte Briefe von Ihnen empfangen«. Gesammelte Briefe in den Originalsprachen herausgegeben, kommentiert und mit einem Nachwort versehen von Waltraud Maierhofer, Libelle Verlag, Konstanz 2001, S. 98.

7  Das Original hing im Römischen Haus in Weimar. 1928 kam es nach Schloß Heinrichsau in Schlesien, wo es verschollen ist.

8  Luise von Göchhausen, zit. nach Wilhelm Bode, Amalie Herzogin von Weimar. Ein Lebensabend im Künstlerkreise. Mittler und Sohn Verlag, Berlin 1909 (3. Aufl.), S. 18.

9  Anna Amalia, zit. nach Bode, a.a.O. S. 18.

10  Dies., a.a.O. S. 19.

11  Anna Amalia von Sachsen-Weimar-Eisenach: Briefe über Italien. Nach den Handschriften mit einem Nachwort herausgegeben von Heide Hollmer, Werner J. Röhrig Universitätsverlag, St. Ingbert 1999, S. 21.

12  Vgl. Heide Hollmer, »(…) ist das nicht ein kühnes Unternehmen?«. Die Italienreise der Herzogin Anna Amalia von Sachsen-Weimar. Zum Problem der Korpusbegrenzung, in: Jochen Golz (Hg.), Edition von autobiographischen Schriften und Zeugnissen zur Biographie (Beihefte zu Editio, Bd. 7), Max Niemeyer Verlag Tübingen 1995, S. 189-196.

13  Anna Amalia von Sachsen-Weimar-Eisenach: Briefe über Italien, a.a.O. S. 8.

14  Dies., a.a.O. S. 9.

15  Dies., a.a.O. S. 36.

16  Dies. a.a.O. S. 38.

17  Dies., a.a.O. S. 43.

18  Dies., a.a.O. S. 60f.

19  Bode, a.a.O. S. 21.

20  Ders., a.a.O. S. 27.

21  Anna Amalia, a.a.O. S. 76f.

22  Dies., a.a.O. S. 71f.

23  Goethe, Italienische Reise, Hamburger Ausgabe, Bd. 11, S. 215f. (20. März 1787).

24  Anna Amalia, a.a.O. S. 50.

25  Vgl. Susanne Schroeder, In situ – Stobwasser-Arbeiten im klassischen Weimar, in: Detlev Richter, a.a.O. S. 85ff. Im Katalog wird darüber hinaus unter Nr. 74 eine Schnupftabakdose mit dem gleichen Motiv, Provenienz Braunschweig, abgebildet.

26  Vgl. Berger, Anna Amalia, a.a.O. S. 565.

27  Vgl. ders., a.a.O. S. 580.

28  Vgl. ders., a.a.O. S. 581.

29  Luise v. Göchhausens ital. Reisetagebuch, a.a.O. S. LXXXVI.

30  Vgl. Renate Müller-Krumbach, Alte Fächer, Nationale Forschungs- und Gedenkstätten der Klassischen Deutschen Literatur in Weimar, Weimar 1988.

31  Luise v. Göchhausens ital. Reisetagebuch, a.a.O. S. CXII.

1  Anna Amalia im Brief an Knebel, in: Wilhelm Bode, Amalie Herzogin von Weimar. Ein Lebensabend im Künstlerkreise, a.a.O. S. 36.

2  In Bode, a.a.O. S. 38.

3  Es existieren ungeklärterweise zwei Versionen, die auf Leinwand hängt in Tiefurt, die auf Holz heute in der ständigen Ausstellung des Goethe-Nationalmuseums.

4  Vgl. Goethes Briefe in WA, IV. Abth., 9. Bd., S. 81ff.

5  Vgl. ders., a.a.O. S. 105ff.

6  Ders., a.a.O. S. 156.

7  Ders., a.a.O. S. 167.

8  Ders., a.a.O. S. 168.

9  Eine nicht unerhebliche Anzahl von italienischen Büchern war von Jagemann nicht mehr in den Katalog aufgenommen worden, die Schatullrechnungen der Herzogin weisen jedenfalls mindestens 40 weitere mit Italien zu verbindende Titel auf. Vgl. Bärbel Raschke, Die Italienbibliothek Anna Amalias von Sachsen-Weimar-Eisenach. Rekonstruktion und Thesen zur Interpretation, in: Animo italo-tedesco: Studien zu den Italien-Beziehungen in der Kulturgeschichte Thüringens, Folge 3, VDG Verlag, Weimar 2000, S. 93-138.

10  Vgl. Raschke, a.a.O. S. 97.

11  Bei dem Brand der Herzogin Anna Amalia Bibliothek am 2. September 2004 sind alle Werke Gioenis, die Hamiltons aus den Jahren 1773-1787 und bis auf eine Abhandlung über die Taufe auch alle Werke Giuseppe Capecelatros verbrannt.

12  Vgl. Raschke, a.a.O. S. 98.

13  Vgl. dies., a.a.O. S. 101.

14  Vgl. J. Berger, Anna Amalia, a.a.O. S. 483.

15  ThHStA Weimar, HA, Abt. B Nr. 487, Bl. 14.

16  A.a.O. Bl. 16.

17  ThHStA Weimar, HA, Abt. A XVIII, Nr. 129.

18  Vgl. ThHStA Weimar, HA, Abt. B, Nr. 487, Bl. 17.

19  Vgl. J.G. Herder, Brief an Giuseppe Capecelatro vom 7. 10. 1796, darin: Nachschrift Anna Amalias, GSA Weimar, 44/92.

20  Karl August Böttiger, Literarische Zustände und Zeitgenossen. Begegnungen und Gespräche im klassischen Weimar, Aufbau-Verlag, Berlin 1998 (2. Aufl.), S. 47f.

21 Ders., a.a.O. S. 58f.

22 Vgl. J. Berger, Anna Amalia, a.a.O. S. 351ff.

23 Anna Amalia, Märchen (1795), Freies Deutsches Hochstift (5 Bl.), Druck: Josefine Rumpf-Fleck (Hg.), in: Frankfurter Goethe-Museum (Hg.), Goethe-Kalender auf das Jahr 1932, Leipzig o.J., S. 96-105; und dies., Ein Traum im Jahr -98 (1798), ThHStA Weimar, HA, Abt. A XVIII 128, Bl. 1.

24 Joseph Rückert, Bemerkungen über Weimar, Weimar o.J. (Nachdruck), S. 41f.

25 Bode, a.a.O. S. 196f.

26 Ders., a.a.O. S. 198.

27 Ders., a.a.O. S. 201.

28 Luise von Göchhausen, zit. nach Friederike Bornhak, Anna Amalie. Herzogin von Sachsen-Weimar-Eisenach, die Begründerin der klassischen Zeit Weimars, F. Fontane & Co, Berlin 1892, S. 327f.

## Das letzte Lebensjahr

1 Bode, a.a.O. S. 208.

2 Johann Wolfgang von Goethe im Brief an Geheimrat von Voigt am 10. April 1807, in: WA, IV. Abth., 19. Bd., S. 304.

3 Weimarisches Wochenblatt, 18. April 1807.

4 Weimarisches Wochenblatt, 15. April 1807.

5 In: Bode, a.a.O. S. 173f.

6 Goethe, Sämtliche Werke. Briefe, Tagebücher und Gespräche. Hg. v. Friedmar Apel u.a. (Frankfurter Ausgabe), Bd. 17: Tag- und Jahreshefte. Biographische Einzelheiten. Reden. Testamente. Hg. Irmtraut Schmid, Frankfurt a. M. 1994, S. 421-426.

7 Ders., a.a.O.

8 Ders., a.a.O.

9 Vgl. J. Berger, Anna Amalia, a.a.O. S. 12-18.

10 Heinrich Carl Abraham Eichstaedt, Memoriae augustae principis ac dominae Anna Amaliae …, in: Ders., Opuscula Oratoria, Jena 1850, S. 145-167.

11 Vgl. Eva Schmidt, Vier Grabmäler der Goethezeit in der Stadtkirche zu Weimar, in: Jahrbuch des Freien Deutschen Hochstifts, 1980, S. 108-154.

12 Vgl. dies., a.a.O. S. 133.

13 Zitiert nach Anna Amalia, »Meine Gedanken«, vgl. Fußnote 3, Kap. 1.

STAMMTAFEL DES HAUSES SACHSEN-WEIMAR-(EISENACH)
von 1688 bis 1901

Ernst August I. 1688-1748
I ∞ Eleonore Wilhelmine von Anhalt-Köthen 1696-1726
II ∞ Sofie Charlotte von Brandenburg-Bayreuth 1713-1747

I

| Wilhelm Ernst | Johann Wilhelm | Johanna Eleonora Henrietta | Bernhardina Christiana Sophi◼ |
|:---:|:---:|:---:|:---:|
| 1717-1719 | 1719-1732 | 1721-1722 | 1724-1754 |

Carl August von Sachsen-Weimar
1757-1828
∞ Louise Auguste von Hessen-Darmst◼
1757-1830

| Luise Auguste Amalie | Carl Friedrich | Sohn | Carolina Luise |
|:---:|:---:|:---:|:---:|
| 1779-1784 | 1783-1853 | 1785 | 1786-1816 |
| | ∞ Maria Pawlowna | | ∞ Friedrich Ludw◼ |
| | von Rußland | | von Mecklenburg-Sch◼ |
| | 1786-1859 | | 1778-1819 |

| Carl | Maria | Augusta | Carl Alexander |
|:---:|:---:|:---:|:---:|
| 1805-1806 | 1808-1877 | 1811-1890 | 1818-1901 |
| | ∞ Karl von Preußen | ∞ Wilhelm I. | ∞ Sophie der Niederlan◼ |
| | 1801-1883 | von Preußen | 1824-1897 |
| | | 1797-1888 | |

180

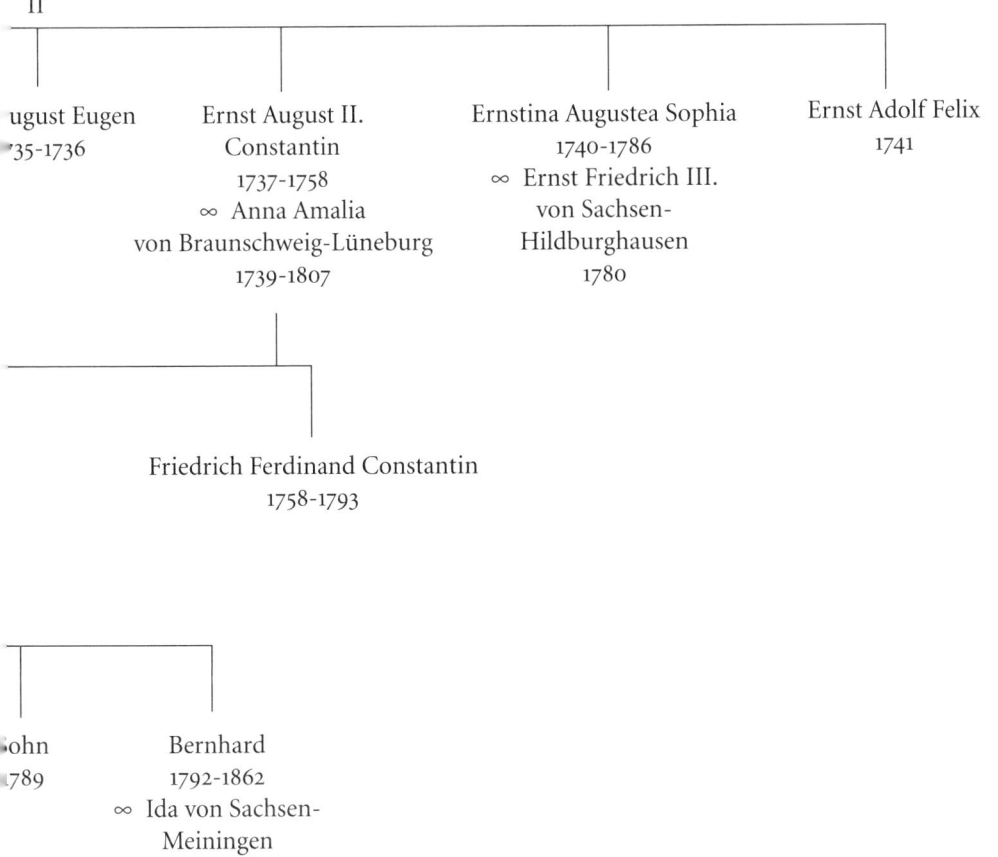

II

ugust Eugen
35-1736

Ernst August II.
Constantin
1737-1758
∞ Anna Amalia
von Braunschweig-Lüneburg
1739-1807

Ernstina Augustea Sophia
1740-1786
∞ Ernst Friedrich III.
von Sachsen-
Hildburghausen
1780

Ernst Adolf Felix
1741

Friedrich Ferdinand Constantin
1758-1793

ohn
789

Bernhard
1792-1862
∞ Ida von Sachsen-
Meiningen
1794-1852

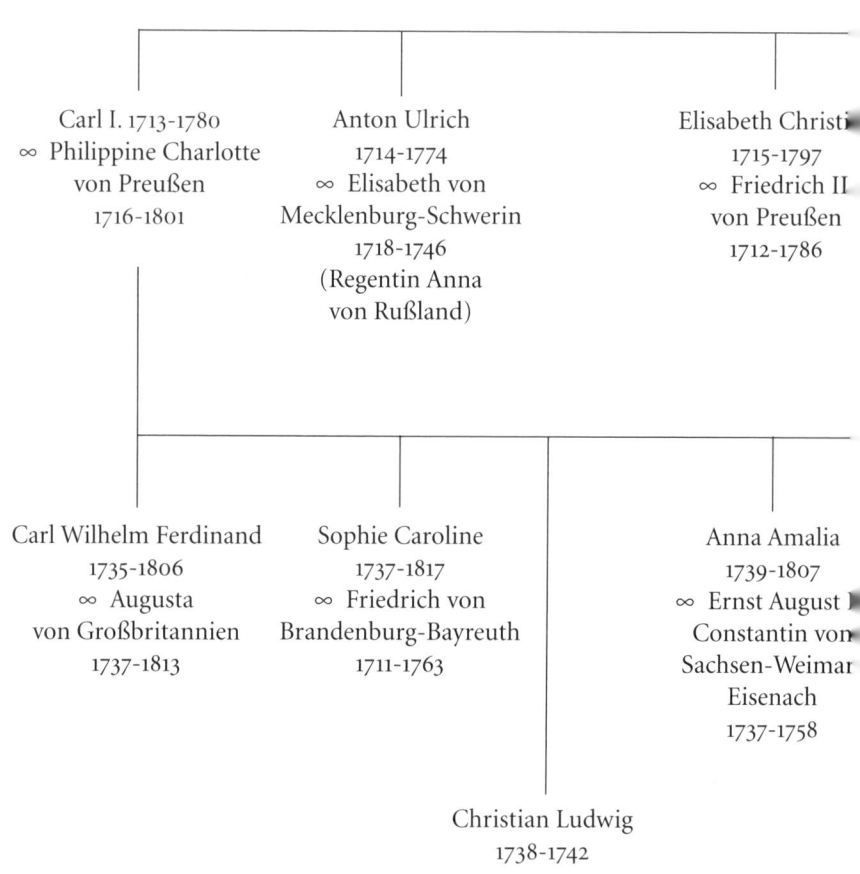

Ferdinand Albrecht II. von Braunschweig-Lüneburg  1680-1735
∞  Antoinette Amalie von Braunschweig-Lüneburg  1696-1762

Carl I. 1713-1780
∞  Philippine Charlotte
von Preußen
1716-1801

Anton Ulrich
1714-1774
∞  Elisabeth von
Mecklenburg-Schwerin
1718-1746
(Regentin Anna
von Rußland)

Elisabeth Christi
1715-1797
∞  Friedrich II
von Preußen
1712-1786

Carl Wilhelm Ferdinand
1735-1806
∞  Augusta
von Großbritannien
1737-1813

Sophie Caroline
1737-1817
∞  Friedrich von
Brandenburg-Bayreuth
1711-1763

Anna Amalia
1739-1807
∞  Ernst August
Constantin von
Sachsen-Weimar
Eisenach
1737-1758

Christian Ludwig
1738-1742

Es wurden nur politisch oder im Buch relevante Personen aufgeführt.

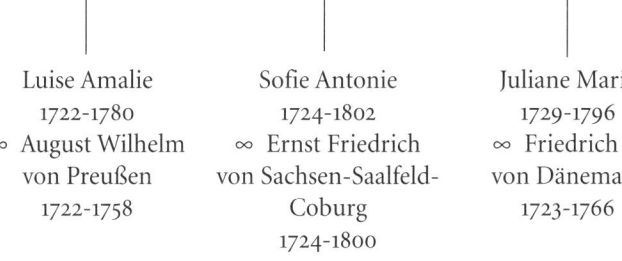

Luise Amalie
1722-1780
∞ August Wilhelm
von Preußen
1722-1758

Sofie Antonie
1724-1802
∞ Ernst Friedrich
von Sachsen-Saalfeld-
Coburg
1724-1800

Juliane Marie
1729-1796
∞ Friedrich V.
von Dänemark
1723-1766

Friedrich August
1740-1805
∞ Friederike Sophie
Charlotte Auguste
von Württemberg-Oels
1751-1789

Elisabeth Christine Ulrike
1746-1840
∞ Friedrich Wilhelm II.
von Preußen
1744-1797
geschieden 1769

Maximilian Julius
Leopold
1752-1785

Auguste Dorothea
1749-1810
ab 1778 Äbtissin
von Gandersheim
ab 1791 Pröpstin
von Quedlinburg

1737  18. Dezember: Geburt von Ernst August II. Constantin

1739  24. Oktober: Geburt von Anna Amalia, Prinzessin zu Braunschweig-Lüneburg, spätere Herzogin von Sachsen-Weimar-Eisenach

1740  Das Fürstentum Eisenach fällt an Sachsen-Weimar

1748  Tod Herzog Ernst Augusts I. Sein unmündiger Sohn Ernst August II. Constantin wird als Herzog eingesetzt, Graf Bünau dominiert in der vormundschaftlichen Regierung

1754  28. Dezember: Konfirmation Anna Amalias in der Kapelle des Wolfenbütteler Schlosses

1755  Regierungsübernahme durch Ernst August II. Constantin

1756  16.-19. März: Hochzeit Ernst August II. Constantins und Anna Amalias

1756-1763  Siebenjähriger Krieg

1757  3. September: Geburt Carl Augusts, des ersten Kindes von Anna Amalia und Ernst August II. Constantin

1758  28. Mai: Tod Ernst August II. Constantins. Die Vormundschaft für den Erbprinzen Carl August wird zuerst von Anna Amalias Vater, Carl I. von Braunschweig, ausgeübt

1759  8. September: Geburt des Prinzen Constantin, des zweiten Kindes von Anna Amalia und Ernst August II. Constantin

1760-1775  Obervormundschaftliche Regierung Anna Amalias über Sachsen-Weimar-Eisenach

1761-1765  Umbau des Grünen Schlößchens in Weimar zur Herzoglichen Bibliothek

1771  Juni: vierwöchiger Besuch Anna Amalias in Braunschweig und Salzdahlum

1774  5. und 6. Mai: Brand des Weimarer Residenzschlosses

1775  3. September: Regierungsübernahme durch Carl August bei seiner Volljährigkeit

1775  3. Oktober: Hochzeit Carl Augusts und Prinzessin Louises von Hessen-Darmstadt in Karlsruhe

1775  Gründung des Weimarer Liebhabertheaters

1775-1780  Ettersburger Sommeraufenthalte Anna Amalias

1781  Beginn der Tiefurter Sommeraufenthalte Anna Amalias

1781-1784  Anna Amalia gibt das *Tiefurter Journal* heraus (insgesamt 47 Ausgaben)

1782  Reise Anna Amalias nach Wörlitz

1786-1788  Goethes Italienreise

1788-1790  Anna Amalias Italienreise

1797-1832  Goethe übt die Oberaufsicht über die Herzogliche Bibliothek in Weimar aus

1803  18. Dezember: Tod Johann Gottfried Herders

1804  9. November: Carl Friedrich, Anna Amalias Enkelsohn und späterer Großherzog von Sachsen-Weimar-Eisenach, bringt seine junge Frau, die Zarentochter Maria Pawlowna, in festlichem Zug nach Weimar

1805  9. Mai: Tod Friedrich Schillers

8. Oktober: Tod des Lieblingsbruders von Anna Amalia, Friedrich August von Braunschweig-Oels

1806  Eintritt des Herzogtums Sachsen-Weimar-Eisenach in die preußische Koalition

11. Oktober: Schlacht bei Jena und Auerstedt, Niederlage des preußischen Heeres

1807  10. April: Tod Anna Amalias

7. September: Tod Luise von Göchhausens

1815  Sachsen-Weimar-Eisenach wird Großherzogtum

1822  Eine Erinnerungstafel für Anna Amalia wird in der Weimarer Stadtkirche angebracht

2004  2. September: Brand der Herzogin Anna Amalia Bibliothek

2005  4. Februar: Einweihung des Studienzentrums der Herzogin Anna Amalia Bibliothek

2007  24. Oktober: Voraussichtliche Wiedereröffnung des sanierten Stammgebäudes der Herzogin Anna Amalia Bibliothek

# LITERATURVERZEICHNIS

Folgende Archive und Bibliotheken wurden
für die ungedruckten Quellen benutzt

*In Wolfenbüttel:*
Herzog August Bibliothek (HAB)
Niedersächsisches Staatsarchiv (NsStAW)
*In Weimar:*
Herzogin Anna Amalia Bibliothek (HAAB)
Goethe- und Schiller-Archiv (GSA)
Thüringisches Hauptstaatsarchiv (ThHStAW)
*In Frankfurt am Main:*
Freies Deutsches Hochstift (FDH)


Folgende gedruckte Quellen wurden benutzt

Animo italiano-tedesco: Studien zu den Italien-Beziehungen in der Kulturgeschichte Thüringens. Folge 3. VDG Verlag, Weimar 2000.

Jan Assmann, Das kulturelle Gedächtnis. Schrift, Erinnerung und politische
Identität in frühen Hochkulturen. C. H. Beck Verlag, München, 3. Aufl.
1999.

Eduard von Bamberg (Hg.), Die Erinnerungen der Karoline Jagemann. Bd. 1,
Dresden 1926.

Joachim Berger, Anna Amalia von Sachsen-Weimar-Eisenach (1739-1807).
Denk- und Handlungsräume einer »aufgeklärten« Herzogin. Universitätsverlag Winter, Heidelberg 2003.

Ders. und Klaus-Jürgen Grün (Hg.), Geheime Gesellschaft – Weimar und die
deutsche Freimaurerei, Stiftung Weimarer Klassik bei Hanser, München
und Wien 2002.

Ders. (Hg.), Der Musenhof Anna Amalias – Geselligkeit, Mäzenatentum und
Kunstliebhaberei im klassischen Weimar, Böhlau, Köln – Weimar – Wien
2001.

Friedrich Justin Bertuch, Journal der Moden. Im eigenen Verlag, Weimar
1786.

Wilhelm Bode, Amalie. Herzogin von Weimar. Ein Lebensabend im Künstlerkreise. Mittler & Sohn, Berlin 1909 (3. Aufl.).

Ders., Der Weimarische Musenhof. Mittler & Sohn, Berlin 1925.

Karl-August Böttiger, Literarische Zustände und Zeitgenossen. Aufbau-Verlag, Berlin 1998 (2. Aufl.).

Friederike Bornhak, Anna Amalia. Herzogin von Sachsen-Weimar-Eisenach, Begründerin der klassischen Zeit Weimars. F. Fontane & Co., Berlin 1892.

Gabriele Busch-Salmen u. andere, Der Weimarer Musenhof: Dichtung – Musik und Tanz – Gartenkunst – Geselligkeit – Malerei. Metzler, Stuttgart 1998.

Hermann Graf Egloffstein (Hg.), Ein Kind des 18. Jahrhunderts. Jugenderinnerungen der Gräfin Henriette Egloffstein. Sonderdruck Deutsche Rundschau, Gebr. Paetel, Berlin 1919.

Heinrich Abraham Eichstaedt, Opuscula Oratoria. Jena, 2. Aufl. 1850.

Johann Wolfgang von Goethe, Sämtliche Werke, Briefe, Tagebücher und Gespräche (Frankfurter Ausgabe). Deutscher Klassiker Verlag, Frankfurt am Main 1994.

Ders., Werke (Hamburger Ausgabe in 14 Bänden). C. H. Beck Verlag, München 1981.

Ders., Werke (hg. im Auftrage der Großherzogin Sophie von Sachsen). Hermann Böhlau Verlag, Weimar 1890/91.

Jochen Golz (Hg.), Edition von autobiographischen Schriften und Zeugnissen zur Biographie (Beihefte zu Editio, Bd. 7). Max Niemeyer Verlag, Tübingen 1995.

Jacob und Wilhelm Grimm, Deutsches Wörterbuch. Fotomechanischer Nachdruck der Erstauflage von 1889. DTV, München 1984.

Hans-Henning Grote, Schloß Wolfenbüttel, Residenz der Herzöge zu Braunschweig und Lüneburg, Braunschweig 2005.

Pierre-François Hugues d'Hancarville, Antiquités étrusques, grècques et romaines, tirées du cabinet de Hamilton, envoyé extraordinaire de S.M. Britannique en cour de Naples, Neapel 1766-1776. Es gibt ein Faksimile-Reprint der Kupferstiche im Taschen Verlag, Köln – London 2004.

Handbuch der historischen Buchbestände in Deutschland. 2.2, Niedersachsen H-7, Olms Weidmann, Hildesheim – Zurich – New York 1998.

Jutta Hecker, Wieland – Die Geschichte eines Menschen in seiner Zeit. Gustav Kiepenheuer Verlag, Weimar 1966.

Gabriele Henkel und Wulf Otte, Herzogin Anna Amalia – Braunschweig und Weimar. Stationen eines Frauenlebens im 18. Jahrhundert. Braunschweigisches Landesmuseum 1995.

Brigitte Herzog, Der Bibliothekssaal der Anna Amalia Bibliothek in Weimar – eine bautypologische Untersuchung. Magisterarbeit an der TU Berlin, Berlin 2004.

Heide Hollmer (Hg.), Anna Amalia von Sachsen-Weimar-Eisenach: Briefe über Italien. Werner J. Röhrig Universitätsverlag, St. Ingbert 1999.

Jahrbuch des Freien Deutschen Hochstifts. Frankfurt am Main 1980.

Jahrbuch des Geschichtsvereins für das Herzogtum Braunschweig, 5. Jg. 1906.

Horst-Rüdiger Jarck und Gerhard Schildt (Hg.), Die Braunschweigische Landesgeschichte. Jahrtausendrückblick einer Region. Appelhans, Braunschweig 2000.

Gerhard Kaiser und Siegfried Seifert (Hg.), Friedrich Justin Bertuch (1747-1822). Verleger, Schriftsteller und Unternehmer im klassischen Weimar. Max Niemeyer, Tübingen 2000.

Angelica Kauffmann, »Mir träumte vor ein paar Nächten, ich hätte Briefe von Ihnen empfangen«. Gesammelte Briefe in den Originalsprachen herausgegeben, kommentiert und mit einem Nachwort versehen von Waltraud Maierhofer. Libelle Verlag, Konstanz 2001.

Michael Knoche (Hg.), Herzogin Anna Amalia Bibliothek – Kulturgeschichte einer Sammlung. Stiftung Weimarer Klassik bei Hanser, München und Wien 1999.

Konrad Kratzsch, Die Kostbarkeiten der Herzogin Anna Amalia Bibliothek, Edition Leipzig, Leipzig 1993 (3. durchgesehene Auflage 2004).

Kay Kufeke, Himmel und Hölle in Neapel – Mentalität und diskursive Praxis deutscher Neapelreisender um 1800. SH-Verlag, Köln 1999.

Winfried Löschburg, Alte Bibliotheken in Europa, Edition Leipzig, Leipzig 1974.

Klaus Manger (Hg.), Italienbeziehungen im klassischen Weimar. Max Niemeyer Verlag, Tübingen 1997.

Georg Mentz, Weimarische Staats- und Regentengeschichte vom Westfälischen Frieden bis zum Regierungsantritt Carl Augusts. Verlag der Frommanschen Buchhandlung, Walter Biedermann, Jena 1936.

Hermann Mildenberger u.a. (Hg.), Im Blickfeld der Goethezeit. Kunstsammlungen zu Weimar und G- und H.-Verlag, Berlin 1999.

Mitteilungen des Deutschen Germanistenverbandes 40 (1993).

Dorothee Müller, »Luise von Göchhausens italienisches Reisetagebuch«. Transkription und Kontextualisierung, Marburg 2005.

Renate Müller-Krumbach, Alte Fächer. Nationale Forschungs- und Gedenkstätten der klassischen deutschen Literatur in Weimar, 1988.

Dies., Altes Porzellan. NFG Weimar, 1987.

Heinrich Pleticha (Hg.), Das klassische Weimar. Texte und Zeugnisse. DTV, München 1983.

Mechthild Raabe, Leser und Lektüre im 18. Jahrhundert. Ausleihbücher der Herzog August Bibliothek 1714-1799. Band 1 (Leser und Lektüre). Saur, München 1989.

Paul Raabe (Hg.), Öffentliche und Private Bibliotheken im 17. und 18. Jahrhundert. Raritätenkammern, Forschungsinstrumente oder Bildungsstätten?. Jacobi, Bremen und Wolfenbüttel. 1977.

Ders. (Hg.), Wolfenbütteler Beiträge, Wolfenbüttel 1994.

Detlev Richter, Stobwasser – Lackkunst aus Braunschweig & Berlin. Prestel, München – Berlin – London – New York 2005.

Joseph Rückert, Bemerkungen über Weimar. Weimar (o.J.), Nachdruck.

Ursula Salentin, Anna Amalia – Wegbereiterin der Weimarer Klassik. Böhlau, Köln – Weimar – Wien 2001.

Maria Scheller (Hg.), Am Weimarischen Hofe unter Amalien und Carl August. Erinnerungen von Karl Frhr. von Lyncker. Berlin 1912.

Viktoria Schmidt-Linsenhoff (Hg.), Sklavin oder Bürgerin? Französische Revolution und neue Weiblichkeit 1760-1830. AK Verlag, Frankfurt und Marburg 1989.

Susanne Schroeder und Petra Damaschke, Tafelrunden – Fürstenberger Porzellan der Herzogin Anna Amalia in Weimar. Stiftung Weimarer Klassik bei Hanser. München und Wien 1996.

Vollmers Wörterbuch der Mythologie aller Völker. Neudruck der Originalausgabe in der Hoffmannschen Verlagsbuchhandlung, Stuttgart 1874. Nationales Druckhaus, Berlin (DDR) 1978.

Volker Wahl, »Meine Gedanken«. Autobiographische Aufzeichnung der Herzogin Anna Amalia von Sachsen-Weimar. »Andenken« und »Grabinschrift«, in: Wolfenbütteler Beiträge (Hg. Paul Raabe), Wiesbaden 1994.

Weimarisches Wochenblatt, Nr. 31 (1807).

Charlotte Mahlo Werner, Goethes Herzogin Anna Amalia – Fürstin zwischen Rokoko und Revolution. Droste, Düsseldorf 1996.

Christoph Martin Wielands Briefwechsel, hg. von der Berlin-Brandenburgischen Akademie der Wissenschaften durch Siegfried Scheibe. Akademie Verlag, Berlin 1992.

Erdmann von Wilamowitz-Moellendorff (Hg.), Dreihundert Jahre Weimarer Bibliothek. Eine Bibliographie zur Geschichte der Bibliothek der deutschen Klassik und ihrer Bestände. NFG, Weimar 1991.

Manfred Zollinger, Geschichte des Glücksspiels. Vom 17. Jahrhundert bis zum Zweiten Weltkrieg. Böhlau, Köln – Weimar – Wien 1997.